Joannis Stefanidis

HOLY FREAKS

oder wie Shiva mir die Braut ausspannte

Besuchen Sie uns im Internet:
www.knaur.de

Deutsche Erstausgabe Mai 2016
Knaur Taschenbuch
© 2016 by Knaur Verlag
Ein Imprint der Verlagsgruppe
Droemer Knaur GmbH & Co. KG, München
Alle Rechte vorbehalten. Das Werk darf – auch teilweise – nur mit
Genehmigung des Verlags wiedergegeben werden.
Redaktion: Sky Nonhoff
Covergestaltung: ZERO Werbeagentur, München
Coverabbildung: RF Getty Images / Ranjan Chari
Satz: Adobe InDesign im Verlag
Druck und Bindung: CPI books GmbH, Leck
ISBN 978-3-426-78819-6

2 4 5 3 1

Für Elio

INHALT

VORHER

Nach der Landung erhoben die Leute sich eilig von ihren Plätzen. Dem Jungen schien, als könnte es ihnen gar nicht schnell genug gehen, das Flugzeug zu verlassen. Er blieb sitzen und blickte aus dem Fenster zur Startbahn hinüber. Ein schneeweißer Flieger zischte vorbei und stieg in die Luft. Er sah ihm hinterher, bis die Maschine aus seinem Blickfeld verschwand.

Als seine Mutter sagte: »Schatz, wir müssen aussteigen. Komm bitte«, verharrte der Junge reglos. Er war drei Jahre und acht Monate alt. Während des Flugs hatte er seine Nasenspitze ununterbrochen ans Fenster gedrückt. Manche der Wolkenberge, auf die er mit großen Augen hinausblickte, hatten wie Gesichter ausgesehen, die ihn anlachten.

»Nun komm endlich«, drängte die Mutter. »Wir sind die letzten Passagiere an Bord.«

Der Junge rührte sich nicht, blickte weiter starr aus dem Fenster. Tränen traten ihm in die Augen.

Plötzlich erschien eine Frau in einem schönen blauen Kostüm. Auch das Hütchen, das schräg auf ihrem Kopf saß, war blau.

»Junger Mann!«, begann sie. »Du möchtest doch bestimmt den Kapitän kennenlernen, nicht wahr?«

Der Junge wandte den Kopf.

»Er hat unser Flugzeug geflogen. Er sitzt da vorn im Cockpit«, fuhr die Frau fort. »Ich glaube, er würde gern deine Bekanntschaft machen und dir zeigen, wie man so eine Maschine fliegt. Kommst du mit?«

Auf dem Gesicht des Jungen breitete sich ein Lächeln aus. Er stieg von seinem Sitz und marschierte der Frau hinterher. Seine langen blonden Engelslocken wippten auf und ab. Die Mutter lächelte erleichtert.

Der Flugkapitän war ein netter Mann. Geduldig erklärte er dem neugierigen Besucher die Funktion der wichtigsten Instrumente. Sogar auf den Copilotensessel durfte sich der Junge setzen.

»Und wo fliegst du jetzt hin?«, wollte er vom Kapitän wissen.

Der Mann lachte. »Oh, jetzt fahre ich erst mal nach Hause und ruhe mich aus. In zwei Tagen fliege ich dann nach Indien.«

»Was ist Indien?«

»Ein Land am anderen Ende der Welt«, antwortete der Flugkapitän. »Dort gibt es riesige Paläste und Männer, die im Stehen schlafen. Und auf den Straßen laufen Kühe herum, die niemand verjagen darf.«

Nun war der Junge derjenige, der ein »Oh« von sich gab, die Augen aufriss und mit heller Stimme sagte: »Da will ich auch hin! Darf ich mitfliegen?«

»Na klar«, sagte der Kapitän. »Du musst nur ein kleines bisschen größer werden, okay?«

Der Junge lächelte, weil er genau wusste, wie einfach das war. Seine Mutter sagte schließlich alle Naselang, dass er schon wieder ein Stück gewachsen war. Und so sah er erst kurz zu seiner Mutter, als wolle er sich ihre Bestätigung einholen – tja, das ist eben so eine Sache mit den Erwachsenen –, ehe er dem Flugkapitän einen verschwörerischen Blick zuwarf.

Du musst nur ein kleines bisschen größer werden.

»Ein Klacks!«, sagte der Junge. »Bis übermorgen dann!«

Jeder ist sich selbst der Fernste.

Aus Indien

MUSIC FROM GOD

(Bombay – Goa – Trivandrum)

Züge rollen ein, Bremsen kreischen. Ausgemergelte Gepäckträger stürzen sich auf Koffer und Kisten, schleppen unmögliche Lasten. Aus Lautsprechern schallen Durchsagen. Chennai, Colcatta, Bangalore. Es riecht nach Essen, Diesel und menschlichen Ausdünstungen. Überall Hektik. Mein Blick schweift durch das Tohuwabohu: eine Gruppe wild gestikulierender Tamilen, dunkel wie die Nacht, daneben stolze Turban-Punjabis, schnurrbärtige Bengalen, Gujaratis in feinen Kurtas ... Ich kann es immer noch nicht fassen: Ich bin zurück im Schoß der dicken Mama Indien.

Plötzlich bleibt mein Blick an etwas hängen.

Inmitten des Gewusels hockt seelenruhig auf einer Decke eine Hippie-Prinzessin wie aus dem Bilderbuch. Sanft fallende Lockenmähne, Batikklamotten, Halsbänder, Jesus-Latschen. Sie scheint meinen Blick zu spüren, schaut auf. Wie von einer unsichtbaren Strippe gezogen, schlendere ich zu ihr hinüber.

»Hi«, sage ich. »Hast du noch Platz auf deiner Decke?«

Ihre grünen Augen strahlen mich an. Ich schätze sie auf Anfang dreißig. Sie als hübsch zu bezeichnen, wäre die Untertreibung des Tages.

»Klar«, sagt sie und deutet neben sich. Ich stelle meinen Rucksack ab und lasse mich neben ihr nieder. »Ich bin Joannis. Aus Germany.«

»Amy, New Zealand.« Ihr Lächeln ist wie eine Umarmung. Wow. Wir reichen uns die Hand. »Wohin fährst du?«, fragt sie.

»Mit dem Nachtzug nach Goa. Und du?«

»Nach Poona.«

Poona? Da war doch was …

Ich grinse. »Bist du eine Sanyasin? Willst du in den Osho-Ashram? Wo es freien Sex gibt und so?«

Noch während ich spreche, wird mir klar, dass meine Zunge mal wieder meinen Verstand überholt hat. Aber Amy nimmt es locker. Sie schüttelt den Kopf.

»Nee, ich bin keine Sanyasin. Ich fahre zu einem Arzt.«

»Echt?« Kurze Pause. »Was fehlt dir denn?«

Amy wartet, bis die Lautsprecherdurchsage verklungen ist. Ihre Miene wird ernst.

»Ach, ist eine längere Geschichte. Eigentlich möchte ich nicht darüber sprechen.«

»Okay.« Die anfängliche Magie zwischen uns scheint schon wieder verflogen. Über Osho hätte ich womöglich besser geschwiegen.

Vorgestern bin ich in Bombay gelandet und wieder im Carlton abgestiegen, einem kleinen Hotel im ersten Stock des in Ehren verschrammten Florence Building. Die Zimmer sind einfach, es gibt Gemeinschaftsklos und dazu jede Menge Patina, und von der Veranda, auf der abends die Gäste zusammensitzen, blickt man auf das ganze Spektrum des Bombayer Lebens. Auf dem Bürgersteig unterhalb der Veranda hausen Familien auf schmuddeligen Decken, die dreckstarrenden Kinder kacken in die Gosse. Vor ihrer Nase gleiten in eleganten Limousinen Geldmenschen und Bollywood-Schönheiten vorbei. Sie wollen zum Empfang ins Taj Hotel gleich nebenan. Heftiger als in Bombay prallen die Extreme nirgendwo sonst aufeinander.

»Ich hatte seit Jahren heftige Migräneanfälle«, meldet Amy sich nun doch wieder zu Wort. Mein Blick gleitet zu ihr zurück. Sie ist wirklich wunderschön. Plötzlich wirkt sie seltsam zerbrechlich.

»Die Anfälle wurden immer schlimmer, kamen in immer kürzeren Abständen«, erzählt sie. »Am Ende konnte ich nicht mehr arbeiten. Ich war bei Dutzenden von Ärzten, habe alle möglichen Medikamente ausprobiert, aber nichts hat geholfen. Schließlich hat man mir einen Akupunkteur empfohlen. Zu dem bin ich dann hin.«

»Akupunktur kenn ich. Damit wollte ich mir mal das Rauchen abgewöhnen. Hat aber nicht geklappt.« Zum Beweis stecke ich mir eine Goldflake an, Indiens Filterzigarette Nummer eins.

»Ich habe meine ganze Hoffnung in den Mann gesetzt«, fährt Amy fort. »Er meinte, er könne mich von der Migräne nicht vollständig befreien, die Häufigkeit der Anfälle würde sich durch seine Behandlung aber erheblich vermindern. Vorher musste ich unterschreiben, dass ich ihn für den Fall von Nebenwirkungen von der Haftung befreie. Dann hat er mir hundertzwölf Nadeln gesetzt.«

»Wahnsinn. Und? Hat es was gebracht?«

Sie verzieht das Gesicht und nickt, ihre Korkenzieherlocken geraten in Bewegung. »Ja, die Anfälle kommen nur noch selten, sind nicht mehr so heftig. Aber seit der Behandlung habe ich ständig einen Schleier vor Augen, so eine Art Schneerieseln. Wie bei einem schlecht eingestellten Fernsehbild,

17

weißt du. Es ist zum Verrücktwerden. Egal, wo ich hinschaue, das Rieseln ist immer da.«

»Jetzt auch?«, frage ich lahm.

»Ja. Die Mediziner stehen vor einem Rätsel. Der Arzt in Poona ist ein Siddha-Doktor und meine letzte Hoffnung.«

Sie hält einen Moment lang inne, ehe sie mit leiser Stimme weiterspricht. »So wie jetzt kann ich nicht weiterleben. Ich bete, dass er mir helfen kann.« Ihre schönen grünen Augen umwölken sich, während ihr Blick in die Ferne schweift, und plötzlich kullern Tränen über ihr Gesicht. »Sorry«, schluchzt sie, und dann beginnt sie hemmungslos zu heulen.

Ich kenne Amy überhaupt nicht. Aber ich kann mich ganz und gar in sie hineinversetzen. Ich verstehe ihr Gefühl der Hilflosigkeit, kann ihre Depression nachfühlen. Genauso geht es mir seit bald einem Jahr.

Ich lege den Arm um sie. »Schhhh«, mache ich. »Schhhh.« Amy vergießt bittere Tränen, ihr Gesicht liegt an meiner Schulter, ihr Körper bebt.

Mein eigenes Problem heißt *Tinnitus*. Eine Kakofonie, die niemals endet. Eine Katastrophe. Ständig versuche ich mich zu entspannen, das permanente Fiepen in meinen Ohren zu ignorieren. Aber das ist unmöglich. Die Ärzte können mir nicht helfen. Tinnitus sei unheilbar, sagen sie. Wie er entsteht, weiß niemand so genau. Stress, heißt es. Die Psyche. Sicher, diesbezüglich gibt es bei mir so einige Baustellen. Das ist mir bewusst. Aber die Dauergeräuschkulisse macht mich kirre. Wie soll man da sein Leben aufräumen? Die Buddhisten sagen, man solle die Dinge annehmen, so wie sie sind. Schmerzen einfach wegmeditieren. Ein Tinnitus ist aber kein Schmerz, sondern Psychoterror.

Amy löst sich aus meinen Armen; ihre Augen sind nicht mehr grün, sondern wässrig rot. Sie wischt sich über das Gesicht. »Weißt du, was ein Tinnitus ist?«, frage ich sie. Sie schüttelt den Kopf. Nun bin ich derjenige, der seine Leidensgeschichte erzählt. Am Ende lacht Amy, nicht über das Klingeln in meinen Ohren, sondern über die Parallelen zwischen uns. Als hätte unsere Begegnung eine tiefere Bedeutung, und sei es nur diese: Zwei traurige Seelen spenden einander Trost. Wie Schiffbrüchige auf einem Meeresfels hocken wir auf ihrer kleinen Decke, umtost von den hin und her wogenden Menschenmassen.

Plötzlich geht alles ganz schnell. Amy muss aufbrechen, ihr Zug ist eingefahren. Sie steht auf und gibt mir noch rasch ihre E-Mail-Adresse, stopft die Decke in den Rucksack. Eine letzte Umarmung.

»Mach's gut, Bombay Buddy«, sagt sie zum Abschied und haucht mir einen Kuss auf die Wange.

»Du auch, Bombay Buddy.«

Dann ist sie verschwunden, und einen Moment lang frage ich mich, ob alle neuseeländischen Mädchen so umwerfend grüne Augen haben.

* * *

Palolem ist ein relaxter Paradiesstrand im Süden Goas. Sanft geschwungene Halbmondbucht, dichter Palmenbestand, schlichte Bambushütten direkt am Wasser, ein paar Restaurants. Vom offenen Meer weht eine leichte Brise, der Sound der heranplätschernden Wellen wirkt wie ein natürliches Beruhigungsmittel. Wer hier keinen Frieden findet, hat ein ernsthaftes Problem. So wie ich. Ich habe gehofft, in diesem Garten Eden endlich zur Ruhe zu kommen, die Wut, die Angst, den Frust über meine gesundheitliche Situation loslassen zu können. Doch je länger ich hier bin, umgeben von superentspannten Backpackern und gestrandeten Althippies, desto deutlicher erkenne ich, in welchem Teufelskreis ich stecke. Die Ruhe von außen verstärkt nur den Lärm in meinem Innern. Nie wieder den Frieden wahrer Stille zu erleben, nie wieder unbelästigt ein Buch zu lesen – der Gedanke ist mir unerträglich. In Colaba habe ich mir *Midnight's Children* gekauft, Salman Rushdies Indien-Epos. Tolles Buch. Rushdie schreibt unglaublich gut. Trotzdem stecke ich nach drei Wochen immer noch im ersten Kapitel fest.

Ob es dort draußen Haie gibt?, frage ich mich, den Blick aufs offene Meer gerichtet. Soll ich hinausschwimmen und es herausfinden? Mich einfach ersäufen?

Aber das kann es auch nicht sein. Es muss eine andere Lösung geben.

Nachts gewittert es. Donnerschläge rollen über die Küste. Epische Regenmassen gehen auf das Land hernieder. Irgendwann merke ich, dass es von der Decke meiner Hütte auf mich herabtropft. Nein, es *prasselt*. Und unter einer Dusche schläft es sich nicht besonders angenehm. Als ich nebenan im Restaurant Zuflucht suche, sitzen dort bereits die anderen Hüttenbewohner. Bei ihnen regnet es auch durch. Wir scharen uns zusammen.

»Hey, Mann, traust du dich, in den Krug zu fassen?«, raunt mich jemand von der Seite an.

»Wie bitte?« Ich wende mich um. Ein alter Goaner mit knochiger Visage mustert mich aus trüben Augen.

»Traust du dich, in den Krug zu fassen?«, wiederholt er. »Vielleicht ist dort eine Schlange drin, vielleicht auch nicht.« Mein Blick fällt auf den Tonkrug neben ihm. Er ist mit einem flachen Stein abgedeckt. »Du willst, dass ich da reingreife? Und da ist vielleicht eine Schlange drin?« Der Alte grient, nickt eifrig. Ich sehe die erwartungsvollen Blicke der anderen.

»Vielleicht aber auch nicht«, sagt der Alte. »Na, traust du dich?«

Was, wenn da eine Kobra drinliegt? Oder ein Python? Oder sonst was. Vielleicht hat der Kerl sie nicht alle und liebt es, Bleichgesichter über den Ganges zu schicken. Tödliche Schlangenbisse kommen schon mal vor in dieser Gegend. Wie auf Stichwort ertönt ein Donnerschlag. Ich soll meine Angst überwinden und einfach reingreifen in den verdammten Krug, das ist es, was der Donner mir sagt. Na los, mach schon. Sollte es dein Schicksal sein, heute Nacht an einem Schlangenbiss zu verrecken, dann ist es eben so.

»Nee, lass mal.« Ich schüttle den Kopf. »Ich mach's nicht.«

Der Alte starrt mich finster an, seine Augen nun zwei abgrundtief schwarze Brunnen, in denen das Böse wohnt. Er zuckt mit den Schultern, nimmt den Deckel herunter. Der Krug ist leer. Die anderen raunen, halb erleichtert, halb enttäuscht. Der Alte lacht heiser. »Bist ein Feigling, Mann.«

* * *

Zwei Tage später sitze ich im Zug nach Trivandrum. Das liegt an die Südspitze Indiens; ganz in der Nähe wurde ein Teil der Asche Mahatma Gandhis im Meer verstreut. So habe ich es jedenfalls irgendwo gelesen. Goa reicht mir erst mal. Ich schwöre mir, nie wieder feige zu sein. Ich hätte in den blöden Krug fassen sollen. Ich hätte Amy zu ihrem Doktor nach Poona begleiten sollen. Vielleicht hätte der gute Mann mir helfen können. Warum habe ich die Gelegenheit nicht beim Schopf gepackt? Auf meine Mail hat Amy noch nicht geantwortet.

Der Zug rattert an der Westküste entlang. Es ist gerammelt voll. Durchs offene Fenster bläst der Fahrtwind herein. Die Western Ghats – die Berge, hinter denen das zentrale Hochland liegt – glühen im Abendrot.

Fasziniert blicke ich nach draußen. Das Licht hier gehört zu den vielen Dingen, die mich unweigerlich und immer wieder in ihren Bann ziehen. Tagsüber der eigelbfarbene Sonnenschein; während der Abenddämmerung das orangerote Sonnenfeuer, das so schlagartig erlischt, als hätte der Oberguru höchstpersönlich das Licht ausgeknipst; danach das Sternenfunkeln, das aussieht, als klebten Myriaden von Diamanten am Nachthimmel …

Das und noch vieles mehr zieht mich immer wieder nach Indien. Trotzdem beschränkt mein Hindi-Wortschatz sich auf ein halbes Dutzend Wörter. Ein bisschen peinlich, aber so ist es nun mal. Ich verstehe nichts von dem, was die Großfamilie erzählt, mit der ich das Zugabteil teile. Machen sie Witze über mich? Der Vater beherrscht ein paar Brocken Englisch. »What is your country?«, will er von mir wissen. »What is your work? What is your name?« Ich kenne dieses Frage-und-Antwort-Spiel von vielen ähnlichen Begegnungen und weiß, dass ich die Antwort auf die Job-Frage einfach halten muss. Die anderen Familienmitglieder beobachten mich mit großen Augen, verfolgen jede meiner Gesten.

»My name is Joannis. I'm from Germany. I'm a translator. I read English books and write the story in German, on my computer.«

»Ah, computer job. Good job!«

»Yeah«, entgegne ich. »But it's a lonely job. Too much alone. You understand? *Lonely job?*«

»Yeess!« Der Mann strahlt mich an. »You like my India?«

»Yeess«, sage ich. »I *love* your India.«

Die Mama wickelt das in Zeitungspapier verpackte Abendessen aus, getrockneten Fisch, Chiligemüse und Chapati – dünne Brotfladen. Sie bietet mir davon an. Es schmeckt köstlich, außer dass das Chili mir die Schädeldecke wegsprengt. Die Nacht naht. Die Betten werden heruntergeklappt. Meins ist das oberste, direkt unterm Deckenventilator. Schlafen werde ich sicher nicht. Ist mir in indischen Eisenbahnen noch nie gelungen. Das Rattern des Zuges ist ohrenbetäubend. Dann wird mir plötzlich bewusst, dass ich seit Stunden nicht an meinen Tinnitus gedacht habe. Ich höre den Mistkerl nicht. Vielleicht sollte ich den Rest meines Lebens in indischen Eisenbahnen verbringen.

Irgendwann dämmere ich weg.

Eine Berührung an der Schulter bringt mich zurück an die Oberfläche. »Wake up«, sagt jemand. Verschlafen öffne ich die Augen, schaue aus dem Fenster. Ein Bahnsteig. Trivandrum.

Ich schleppe meinen Rucksack durch die Bahnhofshalle. Draußen empfängt mich das goldene Licht der Morgensonne. Erst mal eine rauchen. Die Tuk-Tuk-Fahrer, die am Vorplatz auf Kundschaft warten, buhlen um meine Aufmerksamkeit. Einer von ihnen wird mich gleich nach Neyyar Dam bringen.

Ich entscheide mich für einen gemütlichen Sikh. Er ist der einzige, der nicht zu mir herüberstarrt. Ihm scheint egal zu sein, ob er die Tour bekommt oder nicht. Also bekommt er sie.

Auf schlaglochübersäten Straßen geht es raus aus Trivandrum, dann mitten durch den Dschungel eine steile Anhöhe hinauf. Neyyar Dam. Wir halten vor einem imposanten Torbogen, der den Eingang zum Sivananda Yoga Ashram markiert. Hier erhoffe ich mir Hilfe, hoffe auf den entscheidenden Tipp.

In der Gegend sollen sich jede Menge Super-Yogis tummeln. Einem gewissen Claude zufolge – einem Typen aus Marseille mit jahrzehntelanger Yogaerfahrung, dem ich bei meinem letzten Indientrip begegnet bin – gibt es hier Männer, die sich lebendig begraben lassen, tagelang ohne Sauerstoff auskommen, ihren Stoffwechsel und Herzschlag manipulieren und die Luft in ihrem Körper erhitzen können, bis sie vom Boden abheben und schweben. So einen Mann muss ich finden. Oder wenigstens einen stinknormalen Wunderheiler, der mich von meinem Ohrklingeln erlöst.

Das klingt nach purer, naiver Verzweiflung? Stimmt genau.

Ich checke im Ashram ein und bekomme ein schlichtes, blitzsauberes Zimmer mit Bad zugewiesen. Am Nachmittag versammeln sich in der Freilufthalle Schüler aus aller Welt für die Yogastunde; auch einige Inder sind darunter. Als Erstes sollen wir den Kopfstand machen, zum Warmwerden. Als Einziger kriege ich ihn nicht hin. Während die anderen minutenlang im Kopfstand verharren, schaue ich mich um. Mein Blick fällt auf einen Spruch an einer Säule, in roten Großbuchstaben aufgepinselt:

ENDURING PAIN IS THE HIGHEST FORM OF YOGA.

Schmerzen zu ertragen ist die höchste Form des Yoga. Auf mich bezogen heißt das: Lerne, mit deinem Tinnitus zu leben. Schönen Dank auch.

Nach zwei Tagen habe ich durchschaut, dass das Sivananda-Yoga auf der immergleichen Abfolge von fünfzehn verschiedenen Körperhaltungen – den Asanas – beruht. Jeder unserer Lehrer spricht im selben Wortlaut zu uns, im gleichen Singsang. Es ist eine Show. Es nervt. Es ist unpersönlich. Die Ansagen könnten genauso gut vom Tonband kommen. Der Sivananda Yoga Ashram scheint ein Reinfall zu sein. Wie sollen mir Menschenroboter bei der Lösung meines Problems helfen?

Was treibt wohl meine Hippie-Prinzessin in Poona? Hat Amy mehr Glück auf ihrer Suche nach Heilung? Sie hat sich noch immer nicht gemeldet. Hat sie mich vergessen? Diese Schwingung zwischen uns, die Seelenverwandtschaft, habe ich mir das alles nur eingebildet? Grübelnd liege ich in meinem Zimmer, finde keinen Schlaf.

Am nächsten Morgen gibt es endlich einen Hoffnungsschimmer. Und was für einen! Wir haben einen Gastlehrer, und der ist alles andere als ein Roboter. Als der Mann die Halle betritt, scheint er ein Stück über dem Boden zu schweben. Er verströmt die Aura eines Heiligen. Um die sechzig, wallendes weißes Gewand, schulterlanges schwarzes Haar. Sein Yoga weicht nur unwesentlich vom normalen Programm ab, trotzdem ist alles anders. Er legt Hand an, nimmt feine Korrekturen vor und spricht mit eigenen Worten, nicht in vorgestanzten Hülsen. Seine Stimme ist sanft, zärtlich beinahe. Und plötzlich ist alles so, wie es sein sollte. Es ist schön. Ich fliege.

Später erfahre ich den Namen des Mannes: Acharya Sri V.V. Narayanji aus Perumbavoor bei Cochin. Er hat den *magic touch*, ein Weltklasse-Yogalehrer. Nach der Session stürzen die Schüler sich auf ihn, sie sind hellauf begeistert, wollen wissen, ob er jetzt regelmäßig komme.

Zur allgemeinen Enttäuschung bleibt es vorerst bei diesem einen Gastspiel. Mr. Narayanji wird noch am selben Tag nach Chennai fliegen, um dort einen Workshop zu veranstalten.

Als der Trubel vorbei ist, trete ich auf ihn zu. Ob er ein paar Minuten Zeit für mich habe? Hat er. Wir setzen uns unter einen Banyanbaum, und ich erzähle Mr. Narayanji, worum es geht. Als ich fertig bin, lacht er. »Sound in the ears? No problem! It is music from God!«

Mag ja sein, dass mein Tinnitus göttliche Musik ist, entgegne ich, aber für mich klinge es wie Lärm aus der Hölle. Es mache mich fertig. So könne ich nicht weiterleben.

Er schaut mich aus seinen dunklen Augen gütig an, nickt teilnahmsvoll. »You must learn to live with it.«

»But how?«

»I know a siddha doctor. He will help you«, entgegnet Mr. Narayanji.

Einen Moment lang verschlägt es mir die Sprache. Meine Gedanken, meine Gefühle, alles wirbelt durcheinander.

»A *siddha* doctor?«, frage ich belämmert.

Es schmerzt mich mehr denn je, Amy nicht nach Poona begleitet zu haben. Da hätte sich das Schöne doch mit dem Nützlichen verbinden lassen. Es wäre das Logischste der Welt gewesen. Wie konnte ich nur so blöd sein?

»What is this *siddha*?«, frage ich Mr. Narayanji mit belegter Stimme. »I've heard the name, but I don't know anything about it.«

Er erklärt mir, dass Siddha die jahrtausendealte Lehre vom Heilen sei, aus der Ayurveda hervorging. Sie beruhe auf dem Wissen der Siddhars, mönchsgleich lebender Heiler, die, laut Narayanji, Experten waren für alles, was die Wirkung von Pflanzen, Kräutern und mineralisch-metallischen Substanzen betrifft. Dieses Wissen habe sich, weitergegeben über unzählige Siddhar-Generationen, bis in die heutige Zeit erhalten.

»And this doctor can help me to live with my tinnitus?«

Mr. Narayanji nickt. »Yes.«

»Okay.« Ich lache unsicher. »When can I meet the man?«

Am nächsten Tag fährt mich ein Taxi in östliche Richtung durch den Dschungel, Trivandrum lassen wir links liegen. Durchs heruntergekurbelte Fenster weht die Urwaldluft herein. Es riecht nach Tiger und modrigen Pflanzen. Armdicke Lianen hängen von den Bäumen, riesige Palmwedel. Dschungelbuch-Land.

Nach zweistündiger Fahrt über unbefestigte Pisten erreichen wir eine kleine Lichtung mitten im Dschungel. Schlichte Steinhäuser und Holzhütten kommen in Sicht, in der Mitte steht ein Brunnen. Und dann stürmen auch schon ein paar halb nackte Kinder auf uns zu, kaum dass sie den alten Ambassador erblickt haben. Als ich aussteige, hat sich das ganze Dorf versammelt. Aufgeregtes Geschnatter, Gelächter. Anscheinend bekommen die Leute hier selten Weiße zu Gesicht.

Der Siddha-Doktor, ein gewisser Mr. Lakshmanan, tritt auf mich zu, ein schmaler, alter Mann mit eingefallenen Wangen und schütterem Haar. Vielleicht ist er sechzig, vielleicht achtzig, schwer zu sagen. Er legt die Handflächen aneinander, nickt. Ich tue es ihm gleich. Namasté.

Doktor Lakshmanan spricht kein Englisch, dasselbe gilt für seine Frau und ihre erwachsenen Söhne. Sie bedeuten mir, ihnen zu folgen. In einer Nische im Vorraum ihres Häuschens steht mein Bett, ein eigenes Zimmer kriege ich nicht.

Außer meinem Kabuff gibt es nur zwei kleine Räume, einen für die Eheleute, den anderen teilen sich die Brüder, dazu eine Kochecke. Tisch und Stühle sind nirgends zu sehen; das Leben spielt sich am Boden auf Bambusmatten ab. Das einzige Möbelstück ist ein Regal, in dem der Doktor seine Tinkturen und Unmengen verschiedener Wurzeln und Kräuter aufbewahrt.

Die Söhne, Kumar und Ananda, führen mich in den Garten, zeigen mir den Holzverschlag mit dem Donnerbalken und deuten auf die Lehmhütte gleich daneben. Gestikulierend machen sie mir begreiflich: *Dort drin gibt es die Massagen.*

Dann eine Überraschung. Ich bin nicht der einzige Gast in der Dschungelpraxis. Gefesselt an einen Baumstamm, steht mir plötzlich ein Mädchen von vielleicht sechzehn Jahren gegenüber. Wir mustern uns neugierig. »Namasté«, sage ich und tippe mir an die Brust. »I'm Joannis from Germany.«

»*Hi, I'm Prashanta from India*«, antwortet das Mädchen amüsiert.

»Du sprichst Englisch?«

»Klar, du doch auch.«

Wir lachen. »Warum haben sie dich an den Marterpfahl gebunden? Spielt ihr hier so was wie Cowboy und Indianer?«

»Ich bin vom Dach gefallen und seither gelähmt.«

»Oh«, sage ich. »Und ...«

»Jetzt stehe ich jeden Tag acht Stunden an diesem Baum,

damit sich die kaputten Nerven im Rückgrat regenerieren können.«

»Ohne Scheiß?«

»Ja. Seit einigen Wochen spüre ich wieder ein Kribbeln in den Füßen. Irgendwann kann ich wieder laufen, ganz bestimmt.« Prashanta strahlt mich an. Ihr Optimismus beschämt mich. Obwohl sie querschnittsgelähmt ist, versprüht sie pure Lebensfreude. Während andere schon wegen eines Fiepens im Ohr verzweifeln.

»Sag mal, wo schläfst du eigentlich?«, frage ich. »Ich meine, das Haus des Doktors scheint voll belegt.«

»Im Wellnesscenter.« Mit einer Kopfbewegung deutet Prashanta auf die Lehmhütte. »Da wirst du morgen deinen Spaß haben!«

* * *

Am nächsten Morgen erhalte ich im Wellnesscenter meine erste Massage nach Art des Hauses. Ich werde sie nie vergessen. Mit nichts als einem Lendenschurz bekleidet, liege ich auf dem blanken, festgetretenen Erdboden. Kumar hält sich an einem Seil fest, das von der Decke herabhängt, während er auf meinem Rücken steht und mit vollem Gewicht auf mir herumspaziert. Nein, er *trampelt* auf mir herum, scheinbar ohne jedes System, als wolle er mich geradezu in den Boden stampfen. Währenddessen summt er fröhlich vor sich hin.

AAAAAHHHH!

Ich schreie vor Schmerzen, halte es kaum aus.

AAAAAHHHH!

Nach einer Stunde löst Ananda ihn ab. Es folgen weitere

sechzig Minuten Tortur. Als sie endlich vorbei ist, gelingt es mir nicht mehr, aus eigener Kraft aufzustehen. Ananda hilft mir auf die Beine, führt mich aus der Hütte. So muss sich ein Astronaut fühlen, der nach sechs Monaten im All auf die Erde zurückkehrt. Prashanta, nach wie vor an den Baum gefesselt, lacht hell auf, als sie sieht, wie ich mich durch den Garten schleppe. Die Haut über meinem Schlüsselbein und den Hüftknochen ist blau angelaufen, als hätte man mich mit serbischen Teppichklopfern durchgewalkt. Ich wanke zu meinem Lager und haue mich hin.

Nach einer Weile erscheint Doc Lakshmanan und reicht mir einen Tee. Ich nehme einen Schluck, verziehe das Gesicht. Es schmeckt scheußlich. Der Doc bedeutet mir, das Gebräu bis zur bitteren Neige auszutrinken.

Am späten Nachmittag erscheint ein Vater mit seinem jungen Sohn, der am Down-Syndrom leidet. Ich hocke neben dem Doc und beobachte, wie er eine Tinktur aus Blattgold und einer metallisch glänzenden Flüssigkeit anrührt und dem Jungen zum Trinken gibt. O Gott, was schluckt der Kleine da? Das Zeug sieht aus wie Quecksilber.

Als der Doc meinen entgeisterten Blick bemerkt, schüttelt er den Kopf, als hätte er meine Gedanken gelesen. Er tippt sich ein paarmal an die Stirn, womit er mir wohl sagen will: Die Tinktur wird den Kleinen nicht umbringen, sondern seine Geisteskraft anregen, ihn schlauer machen. Wie auch immer, ich hoffe, der Doc weiß, was er tut. Freudestrahlend reicht der Vater ihm ein paar Geldscheine.

Die Tage verlaufen nach demselben Muster. Vormittags erhalte ich von den Brüdern die Stampfmassage, dann ist Ausruhen und Stinketee-Trinken angesagt und schließlich Quatschen mit Prashanta. Sie war in der neunten Klasse, als der Unfall geschah. Beim Wäscheaufhängen auf dem Dach ihres Elternhauses stürzte sie auf die Straße. Die Ärzte sagen, sie werde nie wieder laufen können. Trotzdem möchte Prashanta Lehrerin werden; außerdem wünscht sie sich zwei Kinder. Sie fragt mich, wie sich Schnee anfühlt und wie kalt es im Winter in Deutschland wird. Nachmittags ist sie diejenige, auf der die Brüder herumspazieren.

Einmal klopft eine Frau an die Tür und bittet um Hilfe. Ihr Fußgelenk ist geschwollen, wahrscheinlich verstaucht. Doc Lakshmanan legt ihr einen Kräuterumschlag an. Andere Leute, deren Leiden ich nicht erkenne, behandelt er mit verschiedensten Tinkturen und Mischungen aus geriebenen Pflanzen. Jeden zweiten Tag erscheint der Vater mit dem Down-Syndrom-Jungen. Doktor Lakshmanan ist ein gefragter Mann.

Nach und nach lerne ich auch die Dorfbewohner kennen. Oft sitze ich beim Dorfvorsteher Damodar vor seiner Hütte und trinke mit ihm Massala-Chai. Wir verstehen uns ohne viele Worte. Irgendwann kommt Bilal vorbei, ein gut aussehender Bursche mit halblangem Haar. Er träumt von einer Schauspielerkarriere in Bollywood. Seine Vorbilder sind Sharuk Khan und John Abraham. Er fragt mich nach Bombay aus. Während sie die Wäsche aufhängt, albere ich mit Damodars Frau herum; die Schöne kringelt sich vor Lachen, und es dauert eine Weile, bis sie ihre Arbeit verrichtet hat. Die Kids laden mich ein, beim Kricket mitzumachen. Der kleine Raju versucht, mir die Regeln zu erklären, doch ich kapiere sie beim besten Willen nicht. Ich starre nur auf die Rotzfahne, die ihm aus der Nase hängt und langsam seine Oberlippe erreicht. Doch ich spiele mit, auch wenn ich den Ball so gut wie nie treffe; zur allgemeinen

Belustigung prügle ich mit dem Schlagholz Löcher in die Luft. So verfliegen die Bälle und die Nachmittage.

Nach zwei Wochen setzt der Doc sich eines Mittags zu mir und sieht mich aus seinen wässrigen Augen an. Er weiß, dass ich ihn nicht verstehe, doch er plappert munter drauflos, dann deutet er auf meine Ohren und zeigt hinauf zum Himmel. Ich weiß, was er mir sagen will: Music from God. Ich lache.

Der Doc bedeutet mir, ihm zuzuschauen. Wir hocken im Schneidersitz am Boden; er beginnt, ganz langsam durch die Nase ein- und auszuatmen. Ein … und … aus … ein … und … aus …

Dann beschleunigt er den Rhythmus. Ein-aus. Ein-aus. Ein-aus.

Dann wird er noch schneller, rasend schnell. EinAus. Ein-Aus. EinAus. EinAus.

Jetzt bin ich an der Reihe. Mit den Worten *so* und *ham* gibt mir der Doc den Rhythmus vor.

So … ham … so … ham …

Hoch in den zweiten Gang. *So-ham. So-ham. So-ham.*

Ich atme wie bekloppt, wie ein Berserker, mein Oberkörper taumelt hin und her. Hoch in den dritten Gang. *SoHam. SoHam. SoHam. SoHam.* Mir wird schwindlig, aber ich breche nicht ab. *SoHam. SoHam. SoHam. SoHam.*

Dann wieder von vorne.

Langsam ein- und ausatmen. *So … ham.*

Halbschnell ein- und ausatmen. *So-ham. So-ham. So-ham.*

Jetzt so schnell wie möglich. *SoHam. SoHam. SoHam. SoHam.*

Jedes Tempo zwei Minuten lang, dann geht es von vorne los.

Nach einer Dreiviertelstunde endet die Atemübung. Ausgepumpt sinke ich zurück, bis in die Haarspitzen mit Sauerstoff betankt. Wohlige Entspannung durchströmt mich, ich bin schwer wie Blei, denke an nichts, höre nichts, fühle nichts. Es hat mich umgehauen. Ich liege nur da, schwebe in einem Ozean aus purer Bewusstheit. Nie zuvor habe ich eine so allumfassende, so absolute Entspannung empfunden.

Irgendwann bemerke ich ihn aber doch wieder, den Sound in meinen Ohren. Trotzdem – etwas hat sich verändert. Ich bemerke ihn, doch er stört mich nicht mehr. Das Pfeifen ist leiser geworden. Ich registriere es kurz und vergesse es wieder.

In den nächsten Tagen geht es weiter mit dem Power-Atmen. Währenddessen spüre ich förmlich, wie sich die Verdrahtung meiner Ganglien verändert, wie neue neuronale Verbindungen entstehen, neue Muster geknüpft werden, alte in Subarealen verschwinden. Es ist, als würde meine Aufmerksamkeit sich immer weniger auf den Tinnitus konzentrieren, stattdessen beginnen, ihn als etwas Gegebenes hinzunehmen. Durch diese Akzeptanz scheint er an Macht zu verlieren; manchmal kann ich ihn kaum noch vernehmen.

Gern würde ich länger im Haus des Siddha-Doktors wohnen. Das einfache Leben im Dorf gefällt mir. Die Menschen sind mir ans Herz gewachsen, ich bin Teil ihrer Gemeinschaft geworden. Doch ich spüre, dass es Zeit wird zu gehen. Die Große Mutter Indien ruft; mein Leben wartet darauf, *gelebt* zu werden. Außerdem gibt es da noch eine gewisse Amy. In meinen Gedanken rede ich sie manchmal mit *Eure Hoheit* an.

So geht das eben mit Prinzessinnen.

Prashanta schreibt mir Adresse und Telefonnummer ihrer Eltern auf. Ich brenne darauf zu hören, welches Wunder der Doc bei ihr bewirkt hat, und wünsche ihr von Herzen alles Gute.

Das ganze Dorf verabschiedet mich. Bei Kumar und Ananda bedanke ich mich für die stundenlangen Folterungen. Die Brüder grinsen. Die Mutter, die sich so emsig um den Arzthaushalt kümmert, drückt mir ein Lunchpaket in die Hand. Wir verabschieden uns mit einem Lächeln. Zuletzt sage ich dem Doktor Lebewohl, lege die Hände aneinander. Namasté. Dieses feine kleine Sanskrit-Wort bedeutet: *Ich ehre in dir den göttlichen Geist, den ich auch in mir selbst ehre – und ich weiß, dass wir somit eins sind.*

Doc Lakshmanan tippt sich ans Ohr und deutet zum Himmel.

Music from God.

⋆ ⋆ ⋆

Zurück in Trivandrum, hocke ich mich umgehend ins erstbeste Internetcafé und logge mich in meinen Account ein. Zwischen all den Werbemails, die sich inzwischen angesammelt haben, finde ich schließlich auch eine Mail von ihr. Seit unserer Begegnung sind sechs Wochen vergangen.

Hi Bombay Buddy! Hey Joe!
Tut mir leid, dass ich mich erst jetzt melde. Seit ein paar Tagen bin ich wieder in Auckland. Ein richtiger Kulturschock. Die Zeit in Poona war superschön. Doktor Nair und sein Sohn Nikhil haben sich rührend um mich gekümmert. Ich habe in ihrem wada gewohnt, einem hölzernen Stadtpalast, mitten in der Altstadt Pesha. Nikhil hat mir die Umgebung gezeigt, die Tempel, die Märkte, einfach alles. Am schönsten waren unsere Ausflüge zum Fluss hinunter. Oshos Ashram haben wir

natürlich auch besucht. Den hast du doch erwähnt, weißt du noch …?

Was meine Augen anbelangt, gibt es leider nichts Neues zu berichten. Der Doktor hat mich mit allen möglichen Tinkturen und Pulvern behandelt, hat mir täglich sogar die Augen massiert. Leider ohne Erfolg. Das Schneerieseln ist weiterhin da. Wie läuft es bei dir? Hast du noch dieses seltsame Klingeln in den Ohren? Ich hoffe, du kriegst das geregelt, und wünsche dir von ganzem Herzen alles Gute, Joannis. Danke für die liebe Umarmung damals auf dem Bahnhof. Pass auf dich auf.

Dein Bombay Buddy Amy

PS: Wir hören voneinander, ja?

Hmm.

Draußen werfe ich einen Blick auf die Fenster des Internetcafés, als hätte ich Amy dort zurückgelassen, als würde sie mir durch die beschlagenen Scheiben hinterhersehen. Im Taxi lasse ich mich nach Kanyakumari kutschieren, an den südlichsten Punkt Indiens, fünfundachtzig Kilometer hinter Trivandrum. Weiter geht es nicht. Hier endet der Subkontinent.

Vom Ende her lässt sich eine Route am besten zurückverfolgen.

Auf einem Felsen sitzend, auf drei Seiten vom Meer umspült, blicke ich zum Horizont. Ich versuche meine Gedanken einzufangen. Sie stieben umher wie Feuerfunken.

Ich schließe die Augen und fange an zu atmen.

SoHam. SoHam. SoHam. SoHam …

DIE GROSSE BÖSE BONBON-MASCHINE

(Berlin)

Sie liefert rund um die Uhr. Es ist ihre Aufgabe, für uns da zu sein. Sie fabriziert unsere Wünsche und ist dann auch noch so nett, uns diese sogleich zu erfüllen. Kleine Glücks-injektionen für jedermann. Immer und überall. In meinem Fall sind es spontane Käufe von schmal geschnittenen Män-teln, Kaschmirpullovern, Wildlederschuhen, Nacho-Chips, Schokosplitter-Eiscreme oder einem neuen Notebook, die kurzzeitig die Illusion von Zufriedenheit auslösen.

Der Job läuft gut. In den eigenen vier Wänden zu arbeiten schlägt mir aber zunehmend aufs Gemüt. Homeoffice bedeu-tet für mich bezahltes Vereinsamen am heimischen Computer. Hinzu kommt: Berlin im Herbst und Winter ist ein Terroran-schlag auf die Seele. Frustmienen überall, der Himmel ein Lei-chentuch.

Ist das der Plan des Obergurus? Homo digitalis, eingesperrt in seine Wohn-/Arbeitszelle, produziert *content* oder dessen Infrastruktur, und wenn er gerade mal nicht produziert, se-diert er sich mit allem, was die *Maschine* so hergibt?

In diesen klirrend kalten Januartagen, die Fensterscheiben vereist, die Bäume schwarze Skelette, drängt sich mir zwangs-läufig die Frage aller Fragen ins Bewusstsein.

WELCHEN SINN HAT DAS ALLES EIGENTLICH?

An dieser Frage haben sich schon ganz andere Kaliber die Zähne ausgebissen. Und wahrscheinlich kann dieses Rätsel nur jeder für sich selbst lösen. Vielleicht gibt es ja gar nicht die eine erleuchtende, die ultimative Antwort, sondern nur all die kleinen, persönlichen Wahrheiten, die man in lebenslanger Mühsal selbst herausfinden muss.

Während ich auf die kahle Sommerlinde in meinem Kreuzberger Hinterhof starre und meinen Gedanken nachhänge, meldet der Computer eine E-Mail. Post von Amy. Über ein Jahr liegt unsere Begegnung in Bombay zurück. Eine halbe Stunde hat sie gedauert. Und trotzdem halten wir regelmäßig Kontakt.

Tatsächlich ist es doch so: Auf Reisen öffnet man sich schnell – es gibt schöne, intensive Begegnungen, doch ebenso schnell verliert man sich wieder aus den Augen. Bei Amy und mir ist es anders.

Mir ist nicht ganz klar, warum, aber etwas ist geblieben, etwas, dessen Erhalt nicht mehr bedarf als das Wissen um die Existenz des anderen.

Hi Bombay Buddy! Hey Joe!
Schlechte Nachrichten. Ich schaffe es dieses Jahr nicht nach Indien. Ich erkenne kaum noch was. Kann sein, dass ich meine Sehkraft vollständig verliere. Mein Arzt ist ratlos. Wenn es so weitergeht, brauche ich bald eine Blindentastatur, um eine Mail zu schreiben. Meinen Job kann ich jedenfalls vergessen. Eine Zahnlaborantin, die nichts sieht?
Gott, wie ich mich nach Indien sehne. Aber vorerst kann ich hier nicht weg. Dr. Pullman hat neue Tests angesetzt, außerdem muss ich schauen, dass sich jobmäßig etwas anderes ergibt.

Vielleicht ziehe ich wieder zu meinen Eltern. Ich beneide dich, dass du wieder auf Reisen gehst, Joannis. Grüße mir den Ganges und hab großen Spaß auf dem Kumbh Mela!

Alles Liebe, Amy

DER SCHMERZFRESSER

(Allahabad – Varanasi)

Seit vierundzwanzig Jahren hält Mahant Shree Bholagiri ununterbrochen den Arm gehoben. Den rechten, um genau zu sein. Rund um die Uhr. Der Mann schläft mit erhobenem Arm, isst mit erhobenem Arm, kackt mit erhobenem Arm. Wie ein abgestorbener, schrumpeliger Ast ragt er ihm aus der Schulter. Die verkrümmten Finger sind zur Klaue deformiert, die Nägel sind spiralförmige schwarze Krallen. Gruselig. Eine Horror-Skulptur.

Es ist früh am Morgen, scheißkalt. In meine Wolljacke gehüllt, sitze ich vor dem Zelt des Mannes, über den die Zeitungen so viel berichten. Bholagiri trägt nur eine dünne Leinenweste, darunter nichts als lederne Haut. Seine Fans umringen uns. Aufgeregtes Getuschel. Klickende Kameras. Aus jedem Winkel Indiens sind sie angereist, um dem Baba zu huldigen. Bholagiri ist ein Urdhwavahur, ein Extrem-Asket. Der Topstar des Kumbh Mela.

Als ich vor ein paar Minuten vor seinem Zelt auftauchte, um ihn aus nächster Nähe in Augenschein zu nehmen, hat einer seiner Helfer mich fortgewinkt. Zu meiner Freude bedeutete Bholagiri ihm, mich durchzulassen.

Das nenne ich jetzt ausnahmsweise mal cool.

Nun kauere ich neben ihm und starre auf den abgestorbenen Ast.

Warum tut der Mann sich das an? Erleuchtung durch Selbstfolter?

Nat, ein leicht übergewichtiger Cowboy aus Kansas City, steht etwas verloren in der Menschenmenge, die uns umringt. Ich kenne ihn aus meinem Guesthouse in Varanasi, meiner Homebase bei diesem Trip.

Neben mir hockt Kiran. Er fungiert als unser Dolmetscher. »Sag dem Meister, dass ich ihm gerne ein paar Fragen stellen würde, ob es in Ordnung ist«, bitte ich den jungen Inder und lege meine Hände um das wärmende Chai-Schälchen, das mir jemand gereicht hat.

Während er meinem Dolmetscher-Kumpel lauscht, starrt Bholagiri ins Leere, den Arm zum ewigen Cäsarengruß gehoben. Sein Blick ist unergründlich. Was sieht er? In welchen Sphären schwebt er? Bald bricht ein heiserer Hindi-Schwall aus ihm heraus. Kiran übersetzt Bholagiris Worte ins Englische. »Du darfst ihm ein paar Fragen stellen, aber die Antworten wirst du nicht verstehen«, erklärt er mir grinsend.

Einer seiner Helfer reicht Bholagiri ein Holzchillum. Der Sadhu greift das klobige Rauchgerät mit der gesunden linken Hand, nimmt einen tiefen Zug und lässt den Haschischrauch durch die Nase ausströmen. Kiffen ist fester Bestandteil des Sadhu-Lebens; es bringe sie näher zu Shiva, einem der hinduistischen Chef-Götter, behaupten die Sadhus. Die Rauchschwaden haben dieselbe Farbe wie Bholagiris graue Zottelmähne. Er reicht mir das Chillum.

Eigentlich kiffe ich nicht mehr, frühmorgens schon gar nicht. Aber heute mache ich eine Ausnahme. Ich inhaliere. Wow, das kommt gut. Der Armheber hat erstklassiges *charras,* absolutes Spitzen-Haschisch.

»Baba, in Indien kennt dich jedes Kind«, beginne ich, noch Rauch im Mund. »Ich bin nur ein ahnungsloser Deutscher. Erkläre mir bitte, warum du seit mehr als zwanzig Jahren den Arm hochhältst.«

Noch während ich Bholagiri das Chillum zurückgebe, spüre ich, wie mir das THC ins Hirn flutet. Bingo.

Kiran übersetzt.

Bholagiri starrt ausdruckslos vor sich hin. Via Kiran verkündet er: »Ich habe geschworen, den Arm erst dann wieder herunterzunehmen, wenn auf der Erde keine Dummheit mehr regiert.« Er nimmt den nächsten Zug aus dem Chillum. Die Haschischkrümel glühen wie winzige Lavabrocken.

Der schrumpelige Arm als Mahnmal. Oha. Da kann Bholagiri aber lange warten.

Im nächsten Moment kommt Nat angewackelt, der Amerikaner. »Weißt du, wo die hier ein Scheißhaus haben?«, flüstert er, während er unruhig von einem Bein aufs andere tritt.

»Woher soll ich das wissen? Frag jemand anderen«, raune ich ihm zu. Nat macht auf dem Absatz kehrt und eilt davon.

Ich bin ein bisschen genervt vom Ami. Während der dreistündigen Taxifahrt von Varanasi nach Allahabad hat er mich in einem fort vollgequatscht – unmöglich, ein Nickerchen zu halten. Mittlerweile kenne ich die Geschichten seiner vier gescheiterten Ehen (seine Ex-Gattinnen heißen Sharon, Sandy, Wendy und Brandy, ungelogen) bis ins allerletzte Detail; ich weiß nun, wo man in Bangkok die abgefahrensten Bordelle findet, und kenne sogar den Namen der chinesischen Kräutersalbe, mit der Nat seinen Hämorriden zu Leibe gerückt ist. Musste ich das wirklich alles erfahren? Okay, das mit der Salbe könnte irgendwann nützlich werden, aber der Rest?

Ich wende mich wieder Bholagiri zu. Nächste Frage. »Ganz am Anfang, Baba, sagen wir nach einer Viertelstunde, muss deine Schulter doch explodiert sein vor Schmerzen. Trotzdem hast du weitergemacht, immer weiter, hast nie mehr aufgehört. Erinnerst du dich noch an den Moment, als du die Schmerzen überwunden hattest?«

Kiran gibt sich Mühe, mit dem Übersetzen hinterherzukommen. Ich bin ihm auf Varanasis Ghats begegnet, den Badestufen am Ganges, wo er nach Touristen Ausschau hielt, um ihnen ein paar Rupees abzuknöpfen. So verdient er seinen Lebensunterhalt. Als er mir für einen Tausender – den halben Monatslohn eines indischens Arbeiters – eine Stadtführung anbot, lachte ich und lud ihn kurzerhand zum Mela ein.

Die Leute beäugen uns neugierig. Es ist offenkundig, dass Bholagiri sich in seiner Starrolle gefällt. Ein ausländischer Bewunderer macht ihn in den Augen seiner Landsleute noch spannender.

»Ich musste die Schmerzen nicht überwinden«, erklärt der Baba mit stolzgeschwellter Brust. »Ich habe sie aufgefressen.«

Bholagiri, der Schmerzfresser. Meister aller Klassen, ein Gigant der Tapasyas. So heißen die körperlichen Torturen, die sich Indiens Super-Asketen auferlegen. Einige schlafen auf Nagelbetten oder nackt im Schnee, andere sprechen jahrzehntelang kein einziges Wort, verbringen ihr Leben in Ketten oder setzen sich niemals hin. Bholagiri übertrifft sie alle.

»Kamen dir in den langen Jahren, während du den Schmerz aufgefressen hast, denn keine Zweifel an dem, was du tust, Baba? Was ging dir nachts so durch den Kopf, wenn du allein warst mit dir und deinem Schmerz?«, will ich als Nächstes vom Armheber wissen.

Bei der Frage kommen mir die letzten Monate in Berlin in den Sinn. Irgendwann habe ich es nicht mehr ausgehalten. Die tägliche Routine fraß *mich* auf. Es gab mal wieder nur den Computerbildschirm für mich. Meine sozialen Kontakte beschränkten sich auf den morgendlichen Gang zum Bäcker und abendliche Zufallsbegegnungen in meiner Stammkneipe. Ich gierte nach neuem Input, nach frischen Erfahrungen, nach Menschen. Nach Indien. Und nun *genieße* ich es, hier zu sein, bei diesem heiligen Freak.

Bholagiri grummelt etwas. Es klingt wie fernes Donnergrollen. Seine vom Hasch geröteten Augen funkeln.

»An den Göttern besteht kein Zweifel«, flüstert Kiran die Antwort. Er hört sich schwer eingeschüchtert an. »Eine Frage hast du noch übrig«, sagt er mit brüchiger Stimme.

Na gut. Eine Frage noch.

»Bist du erleuchtet, Baba?«

»Shiva ist allmächtig!«, gibt Bholagiri wie aus der Pistole geschossen zurück. »Ich bin nur sein unbedeutender Diener.« Dann raunt er dem Burschen, der mich anfangs verscheuchen wollte, etwas zu. Triumphierend verkündet dieser nun: »You go now!«

Frei übersetzt: Zieht Leine.

Die Fragestunde ist beendet. Kiran und ich erheben uns. Ein letztes Kopfnicken in Babas Richtung. Doch er sieht uns nicht mehr, sein Blick geht ins Leere, sein Arm deutet zum Himmel.

Plötzlich taucht Nat wieder auf.

»Und, hast du irgendwo einen Lokus gefunden?«, frage ich den Dampfplauderer.

Der Ami schüttelt den Kopf. »Hab hinter ein Zelt gekackt.

Ging nicht anders. Zum Glück hatte ich ein Taschentuch dabei.«

Ich muss grinsen. »So genau wollte ich es gar nicht wissen, Alter.«

Wir gehen weiter.

Kann es wirklich sein, dass Bholagiri den Arm nie, aber auch wirklich *nie* herunternimmt? Zu gern würde ich mal Mäuschen in seinem Zelt spielen. Aber irgendetwas sagt mir, dass seine Nummer echt ist. Es würde das Land in seinen Grundfesten erschüttern, würde man Bholagiri als Scharlatan entlarven. Vermutlich würden sie ihn lynchen.

Die Zeltstadt ist riesig. Die Luft vibriert. Elektrisch verstärkte Tablas, Gesänge, religiöse Ansprachen: Alles verschmilzt zu einer Art heiligem Lärm. Endlose Pilgerströme wälzen sich über staubige Wege. Bunt gewandete Männer springen herum, schwingen Dreizacke. Naga Sadhus, nur Asche auf der nackten Haut, die meterlangen Dreadlocks zu wilden Haartürmen aufgestapelt, hocken am Wegrand und kiffen wie die Weltmeister. Irgendwo hinter den Sandbänken fließen der heilige Ganges und der ebenso heilige Yamuna zusammen, und unterirdisch soll es sogar noch einen dritten Fluss geben. Den hat aber noch niemand gefunden.

Etwa fünfzehn Millionen asketische Einsiedler gibt es in Indien. Das Kumbh Mela, das alle zwölf Jahre im nordindischen Allahabad stattfindet, ist ihr Gildentreffen. Das größte Fest der Welt. Diesmal ist es das *größte aller Zeiten*. In den knapp zwei Monaten werden achtzig Millionen Besucher erwartet. Achtzig. Millionen.

»Hey, me very good Baba!«, ruft uns eine Stimme hinterher. Ich drehe mich um. Unter einer Zeltplane sitzt ein kahlköpfiger Nackter. »Me very good Baba«, wiederholt er und winkt uns heran.

Der Baba beherrscht einen ganz speziellen Trick. Auf den Knien hockend, wickelt er seinen Penis um einen Holzstock, klemmt sich den Stock unter die Pobacken und setzt sich zurück. Sein Schwanz wird zum Gummiband. Und da heißt es immer, die Länge zählt nicht.

Scharen junger Frauen bleiben stehen, betrachten den Baba tuschelnd, eindeutig interessiert. Sie lassen sich von ihm einen roten Punkt auf die Stirn tupfen, legen ihm Geldscheine in die Sammelschale. Er sei der Durga Baba, erklärt er nicht ohne Stolz, er stehe im Dienste von Lakshmi, der Fruchtbarkeitsgöttin. Ich verstehe: Durga erteilt den Frauen seinen Kindersegen. Ob er mit seinem ausgeleierten Ding noch welche zeugen kann? Eher nicht.

Vor einem anderen Zelt wieder eine Menschentraube. Wir schieben uns durch und erblicken einen Shirshasin, einen Sadhu aus der Bholagiri-Liga. Ashok heiße er, erklärt einer seiner Bewunderer. Seit zwölf Jahren stehe Ashok auf einem Bein, nachts an einen Holzpfosten gelehnt. Noch weitere vierundzwanzig Jahre lägen vor ihm. Er habe geschworen, drei volle Mela-Zyklen durchzuhalten. Drei Zyklen = sechsunddreißig Jahre. Ashok macht keine halben Sachen. Ich bitte Kiran, Ashok zu fragen, wie er das mit dem Schlafen hinbekomme. Lachend neigt Ashok sich vor und legt den Kopf auf das Holzbrett, das ihm, getragen von einem Schultergurt, quer vor der Brust hängt.

Das Kumbh Mela ist ein Jahrmarkt der Kuriositäten. Eine Freakshow. Aber vielleicht ist das auch zu kurz gedacht. Wer dem Westler wie ein Freak anmutet, ist dem Inder ein Heiliger. Indien verehrt seine Dropouts, wir stecken sie in die Anstalt.

Ein Stück weiter bemerke ich eine Frau in einer Tigerfellweste. Eine Amazone. Hüftlange, schwarze Haare. Ein Gesicht mit den Attributen klassischer indischer Schönheit. Unsere Blicke treffen sich. Als sie mich anlächelt, überläuft mich ein wohliger Schauder.

Ich schwebe zu ihr hinüber, lasse Nat und Kiran stehen.

»Hallo«, sage ich. »Ich bin Joannis. Sprichst du Englisch?«

Aus der Nähe wirkt die Frau noch exotischer. Ihre hohen Wangenknochen stehen hervor wie Schwertspitzen. Ihre glänzenden dunkelbraunen Augen sind schwarz umrandet; auf ihrer Stirn leuchtet ein aufgemalter, rot-weißer Dreizack. Er deutet himmelwärts.

»Ein bisschen«, sagt sie. Ihre Stimme klingt wie ein Katzenschnurren. »Ich bin Tataniya.« Sie legt die Handflächen aneinander und nickt mir zu.

Im nächsten Moment erscheinen Nat und Kiran.

Ich stelle ihr die beiden vor. »Habt ihr schon gegessen?«, fragt Tataniya.

Wir schütteln den Kopf. Ich merke, wie hungrig ich bin.

»Dann kommt mit!«

Wie herbeigezaubert hält ein weißer Jeep neben uns. Der Fahrer springt heraus, öffnet Tataniya den Wagenschlag. Kiran setzt sich nach vorne, Nat, Tataniya und ich quetschen uns auf die Rückbank. Die Amazone gibt eine Anweisung, der Jeep setzt sich in Bewegung.

Ich sehe sie von der Seite an. Ihr Gesicht, ihre Ausstrahlung faszinieren mich. Wer ist diese Frau, die der Fahrer wie eine Hochwohlgeborene behandelt?

Über die Staubpisten ruckeln wir an endlosen Zeltreihen vorbei ans andere Ende des Geländes. Schließlich halten wir vor einem Lager. Am Eingang flattert ein gelbes Banner im Wind, darauf der gleiche Dreizack wie auf Tataniyas Stirn. Im Hauptzelt auf einem Podest sitzt ein dicker, alter Baba mit wallender Mähne und Rauschebart, der Chef-Guru. Vor ihm räkeln sich seine weiß gewandeten Jünger am Boden. Alle tragen den Dreizack auf der Stirn.

»Babu Santa Shree Shree Du Khishyam. Das spirituelle Oberhaupt des Nani-Khoriar-Tempels in Gujarat«, stellt Tataniya den Guru vor. »Mein Vater.«

Wir legen die Handflächen aneinander, begrüßen erst ihn, dann seine Anhänger. Namasté. Namasté. Namasté. Alle blicken auf, heißen uns willkommen wie alte Freunde.

Gegessen wird im Freien am Boden. Ein Diener schreitet die Reihen ab, schöpft aus Metallbüchsen Reis, Linsen und Blumenkohl, dazu gibt es Chapati. Alle essen mit den Fingern. »Habt ihr vielleicht einen Löffel für mich?«, fragt Nat in die Runde. Tataniya ruft den Diener zurück. Er bringt dem Cowboy einen Löffel.

Nach dem Lunch ziehen wir uns mit einigen Leuten – offenbar der innere Zirkel um die Guru-Tochter – in ein Zelt zurück, in dem eine Kissenlandschaft zum Chillen einlädt. Farbiges Licht strömt durch die bunten Stoffbahnen. Wir machen es uns gemütlich. Ich bin satt und zufrieden. Kiran streckt alle viere von sich und schließt die Augen. Nat unterhält sich mit Naveen Krishna, einem Junior-Guru der Sekte. Der kann prima Englisch.

Tataniya lässt ein Chillum herumgehen. Wie hingegossen liegt sie da. Ich kann den Blick kaum von ihr lösen. Da säuselt mich von der Seite eine Stimme an: »Liebst du Brahma, Joannis?« Es ist Naveen.

Ich wende den Kopf. »Na ja …«, entgegne ich, »ich würde es anders ausdrücken. Ich liebe das Universum.«

»Brahma *ist* das Universum«, sagt Naveen. Er ist ein sanfter Mann von Anfang dreißg. An seinem sehnsüchtigen Blick meine ich abzulesen, dass sein Interesse an Nat und mir über das gewöhnliche Maß hinausgeht. Aber vielleicht täusche ich mich auch.

»Das meine ich ja, Gott ist das Universum«, sage ich. »Was ist denn die Philosophie der Nani Khoriar? Was ist euer Ding?«

»Unsere Liebe zum Absoluten«, entgegnet Naveen. »Wir schießen den Linga der Liebe ins Universum. Dafür üben wir uns in Meditation.«

»Den *Linga?*«

Naveen deutet auf den Dreizack auf seiner Stirn.

»Schießt ihr damit auch auf Menschen?«, frage ich, den Blick nun wieder auf Tataniya gerichtet.

»Niemals«, entgegnet sie, und einen Moment lang liegt ein Blitzen in ihren Augen. »Und was ist deine Philosophie, dein *Ding?*«, fragt sie mich.

Seit meinem Aufenthalt in Doktor Lakshmanans Dschungelpraxis bin ich ein Atemjunkie, mache jeden Tag ein paar Runden Power-Breathing. Der Sound in meinen Ohren ist eigentlich nur noch ein sanftes Rauschen, das ich selten wahrnehme. Ich betrachte mich als geheilt. Ich erzähle den anderen die Geschichte. Tataniya, Naveen und Nat lauschen, lächeln, als ich von *Music from God* spreche.

Als ich fertig bin, sagt unsere Gastgeberin: »Kommt, ich zeige euch etwas.«

Kiran ist eingepennt, die schwarzen Haare hängen ihm ins Gesicht. Soll er sich ausruhen. Nat und ich erheben uns und folgen Tataniya in ein anderes Zelt. Es ist ein Tempel. Auf einem blumengeschmückten Altar, umgeben von Kerzen und Weihrauchschalen, steht eine riesige vierarmige Shiva-Statue aus schimmernder Bronze, bestimmt anderthalb Meter hoch. Der Hindu-Gott der Zerstörung und Neuerschaffung. Mit einer Hand umfasst er seinen mächtigen Dreizack, sein Blick geht Richtung Ewigkeit.

Nat und ich reißen die Augen auf. »Whoa, wehe, der kippt um«, meint der Ami.

»Lord Shiva ist mein Mann. Meine einzige Liebe. Ihm widme ich mein Leben«, erklärt uns Tataniya mit glänzenden Augen.

Okay ...

»Heißt das, du hast noch nie mit einem Kerl geschlafen?«, fragt Nat, ganz der Gentleman. »Eine schöne Frau wie du?«

»*Nahin*«, antwortet Tataniya.

Die Tochter des Sektenchefs, die Thronfolgerin, ist eine höchst attraktive, wahnsinnig nette, etwa vierzigjährige Jungfrau.

»Echt nicht?« Nat lässt nicht locker.

Tataniya bleibt ganz entspannt. Sie schüttelt den Kopf und lächelt.

»Einmal habe ich einen Jungen geliebt«, entgegnet sie. »Es ist eine kurze, traurige Geschichte. Er hieß Narinam, und ich war sechzehn. Wir wollten heiraten. Aber dann starb er bei einer Gasflaschenexplosion.«

Nat: »Und du wurdest Nonne.«

Sie: »Was ist eine Nonne?«

Nat: »Eine Frau, die im Kloster lebt, den ganzen Tag betet und nie Sex hat.«

Tataniya lächelt und schweigt.

Wir kehren ins Kissenzelt zurück und verdösen den Rest des Nachmittags in einem Meer wohliger Entspanntheit. »Sagt mal, was haltet ihr eigentlich von den Urdhwavahurs, den Super-Sadhus?«, frage ich irgendwann in die Runde. »Bringen ihre Selbstkasteiungen sie wirklich näher zu Gott? Ich meine, ihr macht das ja auch nicht.«

»Die unterschiedlichsten Wege führen zu Brahma«, antwortet Naveen. »Bei uns ist es die Meditation.«

»Und ein anderer Weg besteht darin, jahrelang den Arm zu heben oder auf einem Bein zu stehen?«

»Es geht darum, was währenddessen mit dem Geist geschieht«, sagt Naveen. »Die jahrelange Qual führt auf eine höhere Bewusstseinsstufe. Irgendwann ist die Grenze überschritten, hinter der das Göttliche beginnt.«

Klar, bei der Dauerfolter sprudeln die Schmerzkillerhormone wie aus einer Springquelle. Ist der Schmerz dann irgendwann gefressen, geht der Spaß so richtig los. Die Hormone sprudeln nämlich munter weiter. Der Sadhu ist besoffen vor Glück. Die Grenze zur heiligen Zone ist durchbrochen. Ob es wirklich so ist, weiß ich nicht, ich bin kein Biochemiker. Klingt aber durchaus plausibel, finde ich. Das Phänomen kennt man ja von Marathonläufern. Viele werden süchtig nach Glückshormonen. Potenziert man das Ganze mit X, ist man bei den Extrem-Asketen angelangt.

Zur Abendmeditation versammeln sich die Liebesjünger im Hauptzelt. Der Chef thront auf seinem Podest. Kiran, Nat und ich setzen uns zu den anderen auf den Boden. In der Ferne vibrieren die Klänge der Mela. Ich habe noch nie meditiert, aber ich kann es ja mal versuchen.

Ich schließe die Augen – und augenblicklich rauschen hinter meinen Lidern die Bilder des Tages vorbei: Bholagiri. Durga. Ashok. Mataji, der Lichtesser, der mit ausgebreiteten Armen den Sonnenschein schlürfte; seit Jahrzehnten soll er weder gegessen noch getrunken haben. Der graubärtige Maharaj, der höchste Führer des Nirwani-Ordens – als ich ihn womöglich ein bisschen zu neugierig anstarrte, ließ sein finsterer Blick mich frösteln. Sai Babas riesiges Zelt, von Heerscharen umlagert. Die bunten Lager der neueren Stars wie Shri Shri Ravi Shankar und Baba Ramdev, deren Yoga im Land ungeheuer populär geworden ist. Alles, was in Indiens spiritueller Szene Rang und Namen hat, ist auf dem Mela vertreten. Aber es sind nicht nur die Berühmtheiten, die die Show schmeißen. Alle sind sie gekommen, aus ihren Himalaya-Höhlen und Einsiedeleien, um sich nach Jahren der Einkehr mit Gleichgesinnten auszutauschen – *Namasté, Kollege, wie läuft's denn so mit der Dauerfolter?* – und sich unter den bewundernden Blicken ihrer Anhänger zu sonnen. Es sei ihnen gegönnt.

Von allen gefallen mir die Liebesjünger der Nani Khoriar am besten. Es sind sanfte, extrem entspannte Leute. Die Stunden bei ihnen sind wunderschön. Sie haben uns wie selbstverständlich bei sich aufgenommen und uns in ihre Welt eintauchen lassen. Dafür bin ich ihnen dankbar. Und Tataniya, diese Mischung aus Angelina Jolie und einer Heiligen, sie ist ein ganz spezieller Fall.

»Ihr müsst nicht gehen. Ihr könnt bei uns schlafen«, bietet Naveen uns nach der Meditation an.

Wir sitzen wieder draußen. Es gibt eine kleine Mahlzeit. Hartbrot mit Margarine. Ich raffe die Wolldecke zusammen, die Naveen mir gereicht hat. Meine Nase trieft. Ich bin dabei, mich zu erkälten.

»Oder für immer bei uns bleiben«, sagt Tataniya.

»No way.« Nat schüttelt den Kopf. »Ich brauche ein richtiges Bett.« Er und Kiran erklären, nach Varanasi zurückkehren zu wollen. Unser Fahrer erwartet uns um Mitternacht am West-Ausgang des Geländes.

»Fahrt ihr ruhig«, sage ich. »Ich bleibe.«

Nat macht große Augen. Der Blick, mit dem Kiran mich bemisst, kommt mir seltsam vor, aber ich kann das Schimmern in seinen Augen nicht recht deuten. Nach dem Essen ziehen die beiden los, verlieren sich im abendlichen Pilgerstrom.

»Wo soll ich denn schlafen?«, frage ich meine Gastgeber später.

»In meinem Zelt«, erklärt Naveen.

»Oder in meinem«, sagt Tataniya.

Ups. Was geht denn hier ab? Ich muss lachen. Wenn zwei sich streiten … »Ein *freies* Zelt habt ihr nicht zufällig übrig, oder?«

Beide schütteln den Kopf.

»Und wo hätten Nat und Kiran geschlafen, wenn sie hier geblieben wären?«

»Ich wusste, dass sie gehen würden«, sagt Naveen.

Ach so.

Mein Blick springt zwischen ihm und Tataniya hin und her. »Ich habe die freie Wahl? Okay. Eene meene muh, und weg bist du.« Ich deute auf Naveen. »Ich schlafe bei ihr.«

Sicher ist sicher. Die Enttäuschung steht dem Junior-Guru ins Gesicht geschrieben. Mit hängenden Schultern wendet er sich ab.

Tataniyas Zelt gleicht einer Räuberhöhle. Am Boden dicke Strohmatten, Decken, Kissen. Auf einer Truhe ein Shiva-Bildnis, ein paar Habseligkeiten. Im Taschenlampenlicht kriechen wir unter drei große schwere Wolldecken.

Als meine Augen sich ans Dunkel gewöhnt haben, erkenne ich Tataniyas Silhouette. Ich atme ihren Duft. Unsere Fingerspitzen berühren sich irgendwo unter der Decke – aber im nächsten Moment verkündet Tataniya: »Ich schlafe jetzt, Joannis. Gute Nacht.«

»Äh … gute Nacht.«

Kann sie jetzt wirklich seelenruhig einschlafen? Oder erwartet sie irgendetwas von mir? Vielleicht ist sie ja neugierig auf das, was den Rest der Menschheit so in Wallung versetzt.

Das Herz schlägt mir bis zum Hals. Besonders schüchtern bin ich ja eigentlich nicht. Aber was tue ich jetzt?

Tataniya strahlt eine solche Bestimmtheit aus, einen unbedingten Glauben an die eigene Sache, dass es mich in einen Dreizehnjährigen verwandelt, der noch nie ein Mädchen geküsst hat.

Ich tue gar nichts, verharre reglos. Tataniya ist Shivas Braut. Also Finger weg. Ich darf den Umstand, hier liegen zu dürfen, auf keinen Fall falsch interpretieren. Es ist eine großartige Freundschaftsbekundung. Nicht weniger, aber auch nicht mehr.

Eine Lehrstunde in zölibatärer Zurückhaltung.

Ich merke, an Schlaf ist vorerst nicht zu denken. »Tataniya?«, flüstere ich ins Dunkel.

Keine Antwort.

Ich brauche eine Zigarette. Vorsichtig ziehe ich meine Hand zurück und krieche unter dem Deckenberg hervor. Schleiche noch einmal hinaus in die kalte nordindische Nacht. Während ich eine rauche, streift mein Blick über die Dächer der gigantischen Zeltstadt.

Ich spüre, wie sehr ich es liebe, hier zu sein. Ich wollte meine Finger in die indischen Honigtöpfe tauchen, um sie hinterher genüsslich abschlecken zu können. Um meine Seele zu sättigen, meinen Hunger nach Wahrhaftigkeit zu stillen. Davon werde ich zehren in den bevorstehenden Monaten im Home Office. Von Augenblicken wie diesen. Von Begegnungen wie den heutigen. Meine persönliche Wahrheit habe ich noch nicht gefunden, aber das kommt hoffentlich irgendwann.

* * *

Am Morgen ist es seltsam leer im Lager der Nani Khoriar. Nebelschwaden umhüllen die Zelte, es ist bitterkalt. Von Tataniya und Naveen keine Spur. Gestikulierend versuche ich von einem der wenigen verbliebenen Sektenmitglieder zu erfahren, wo die anderen stecken. Der Mann deutet in die Ferne, in die Richtung, wo der Ganges und der Yamuna zusammenfließen. Da fällt es mir ein. Heute ist einer der wichtigsten Badetage des Kumbh Mela, der *Maghi Purnima Snan*. Die Sterne stehen besonders günstig. Im Fieberwahn werden sich ein paar Millionen Sadhus und Pilger in die trüben Fluten stürzen, um sich von allem irdischen Leiden zu befreien und aus dem Kreislauf der Wiedergeburt auszutreten.

Wie das Ganze funktioniert? Ganz einfach:

Am Anbeginn der Zeit rührten die Götter und Dämonen gemeinsam den Amrita an, den Nektar der Unsterblichkeit. Aber dann beanspruchten die Dämonen den Zaubertrank für sich allein. Gott Vishnu, der Obermeister, der das Universum zusammenhält, schnappte sich den Trank und machte die Biege, verschüttete auf der Flucht aber vier Tropfen, die bei Allahabad, Haridwar, Ujjain und Nashik in den Ganges fielen. Deshalb findet an diesen Orten seit Jahrtausenden das Kumbh Mela statt: um ein Bad im homöopathisch verdünnten Unsterblichkeitsnektar zu nehmen, idealerweise zum astrologisch wertvollsten Zeitpunkt.

Heute zum Beispiel.

Wie aufs Stichwort ertönt in der Ferne ein gewaltiger Aufschrei. In meinen Fußsohlen meine ich, das Vibrieren der Erde zu spüren.

Das Spektakel will ich sehen.

Am Fluss tanzen Scharen lachender Menschen den Tanz der Tollheit, hüpfen durchs Wasser, bespritzen einander, schütten sich die Brühe über die Köpfe wie eine Horde durchgedrehter Kinder. Die Ausgelassenheit ist ansteckend. Sogar Polizisten, die eigentlich aufpassen sollen, dass niemand totgetrampelt wird, planschen in den trüben Fluten. Will ich mich da wirklich hineinstürzen? Die Zeitungen schreiben, das Wasser sei in etwa so giftig wie eine Mischung aus Arsen und Domestos.

Einmal im Leben …

Ich renne los. Brrrr, das Wasser ist eisig. Als ich bis zu den Knien drinstehe, schütte ich mir vom verdünnten Unsterblichkeitsnektar zwei Handvoll über den Kopf. Vielleicht fördert es ja den Haarwuchs.

»Hey, Joe! Gut geschlafen?!«, ruft mir irgendwer zu.

Ich fahre herum – und im selben Moment bleibt mir der Mund offen stehen.

»Was macht ihr denn hier?«, rufe ich dann zurück.

So einen Zufall kann es eigentlich gar nicht geben. Ich weiß nicht, wie viele Menschen sich hier tatsächlich an diesem Morgen tummeln. Eine Million? Drei Millionen? Fünf? Schwer zu sagen. Und mittendrin treffe ich meine beiden Freunde.

Nat und Kiran sind pitschnass, die Haare kleben ihnen am Kopf.

»Wolltet ihr nicht nach Hause fahren?«, rufe ich den beiden zu.

»Ja, aber dann sind wir auf so einer Party von Kirans Leuten gelandet. Ging die ganze Nacht!«, ruft Nat zurück.

Heiliger Brahmane! Ein so breites Grinsen habe ich in meinem ganzen Leben noch nicht gesehen.

* * *

Die winzige Gasse, in der das Shivakashi Guesthouse liegt, kann man leicht übersehen, vor allem, wenn man erst spätabends zurückkehrt. Straßenlaternen gibt es nicht in Varanasis Gassen. Dafür aber einen an die Hauswand gepinselten blauen Shiva, der uns mit seinem Dreizack die Richtung weist.

Du schon wieder.

Nat und ich biegen um die Ecke und erblicken Ram, den Manager unserer Unterkunft. Er steht rauchend vor der Tür.

»Na, wie war's?«, fragt er uns zur Begrüßung.

»Geht so«, antworte ich.

Ram sieht mich verständnislos an. Ich lache. »Es war super.«

Nach einer heißen Dusche setze ich mich dick eingepackt in das Dachrestaurant. Unten strömt der Ganges dunkel an den Ghats vorüber, den steinernen Badestufen. Tagsüber herrscht dort ein irres Treiben. Yogis, Sadhus, Leichenverbrennungen, Wasserbüffel, pissende Kühe. Jetzt sind die Stufen verwaist, angestrahlt von orangefarbenem Flutlicht. Irgendwo bellt ein Hund. Ein anderer bellt zurück, dann noch einer und noch einer, bis ein wildes Gekläffe die Nacht erfüllt.

Am nächsten Morgen fühle ich mich wie ein erloschener Vulkan. Um die anstürmende Grippe abzuschmettern, schlucke ich eine Dreifachdosis Aspirin. Und tatsächlich, am Nachmittag bin ich wieder fit. Ich gehe raus und hocke mich auf die Stufen am Fluss.

Ein Vogelschwarm stiebt am Himmel entlang, schraubt sich in einer weiten Spirale durch die Luft und verschwindet in der Ferne. Es ist der Moment, in dem ich beschließe, den Bholagiri zu machen. Ich drücke auf den Zeitstopper meiner Casio und recke den rechten Arm in die Höhe …

Der Blick eines vielleicht fünfzehn Meter von mir entfernten Wasserbüffels scheint mich in meiner Sache zu bestärken. *Siehst du?*, sagen mir seine weisen Augen, während er einen langen grünen Halm bedächtig von einer Seite seines Mauls zur anderen wandern lässt. *Ein Klacks, oder?*

Du machst das schon, mein Junge.

* * *

»Und wie lange hast du durchgehalten, Mann?«

Nat war der Erste, der mich das fragte, als ich ihm abends im Dachrestaurant von meinem Selbstversuch erzählte.

Ich grinste, wie man nach drei Cobra Premium Extra Smooth zu grinsen pflegt. »Du weißt doch, Nat. Olympia, verstehst du? Dabei sein ist alles.«

»Jetzt sag schon, Alter«, ließ Nat nicht locker.

Ich grinste abermals. Weil die Antwort so einfach war.

Versuch's doch selbst mal.

EIN HUND NAMENS GEIST

(Nilambe)

Es hieß, von der Haltestelle in Nilambe Junction sei es ein halbstündiger Fußmarsch. Nun schleppe ich mich seit bald einer Stunde den Hang hinauf. Der Pfad windet sich steil nach oben, führt an weitläufigen Teeplantagen vorbei. Mittendrin ein paar bunte Farbtupfer – die Gewänder der Pflückerinnen. In der flirrenden Hitze ernten sie Nachschub für die Tea-time in Merry Old England.

Das T-Shirt habe ich längst ausgezogen. Ich bin schweißgebadet. Der Rucksack hängt schwer von meinen nackten Schultern. Ich nehme einen tiefen Schluck aus der Wasserpulle.

Irgendwann liegen die Plantagen schließlich hinter mir. Nach der nächsten Biegung, halb verborgen zwischen den Bäumen am Hang, kommen kleine, unscheinbare Gebäude in Sicht. Beinahe übersehe ich die Stufen, die inmitten der Sträucher zu ihnen hinaufführen.

Von oben kommt mir eine Frau entgegen. Sie trägt eine weiße Schlabberhose, dazu ein langärmliges weißes Oberteil und einen Strohhut; Kaskaden rotblonden Haars ergießen sich gleichsam über ihre Schultern. Die Treppe ist zu schmal für uns beide. Ich lasse ihr den Vortritt. Blöderweise kann ich die Zigarette, die ich mir zwischen die Lippen stecke, nicht anzünden. Hab mein Feuerzeug irgendwie verkramt.

»Hi«, begrüße ich die Frau, als sie unten ankommt.

»Hallo«, flüstert sie zurück. Ihr Gesicht liegt im Schatten der Hutkrempe. So erkenne ich es kaum, aber immerhin, dass es übersät ist von kecken Sommersprossen.

»Sag mal, du hast nicht zufällig Feuer?«

»Sorry.« Die Frau schüttelt den Kopf und lächelt milde. »In Nilambe wird nicht geraucht, und das« – sie deutet auf meinen nackten Oberkörper –, »das geht auch nicht. Und das auch nicht.« Sie fährt sich mit Zeigefinger und Daumen über die Lippen, als würde sie einen Reißverschluss schließen. Damit wendet sie sich ab und schwebt den Pfad hinunter.

Hmm. Das fängt ja bestens an.

Als ich die Stufen erklommen habe, begrüßt mich ein kleines Schild an einem Holzpfosten. Darauf steht auf Englisch und Singhaheli:

Please retain Noble Silence
at all times.

Im *Nilambe Buddhist Meditation Centre* herrscht das Gebot des Erhabenen Schweigens. Dazu das Rauchverbot. Und offenbar soll man auch keine nackte Haut zeigen. Gleich bei meiner Ankunft habe ich zwei Grundregeln gebrochen und um ein Haar auch noch die dritte.

Nun wird mir doch ein bisschen mulmig.

Über dem Areal liegt friedvolle Stille. Nur das Rascheln der Bäume im Wind ist zu hören, dann und wann ein Vogelzwitschern. Etwas oberhalb steht ein länglicher Bau aus Naturstein, anscheinend die Meditationshalle. Der Anbau scheint die Küche zu sein. Aus einer Dachöffnung steigt Rauch. Sauber geharkte Pfade führen zu den Unterkünften, vorbei an farbenprächtigen Blumenbeeten und einem winzigen, von Schilfgras umsäumten Teich. Das Ganze erinnert an einen japanischen Zen-Garten.

Auf einem der Pfade bemerke ich einen Mann in einem burgunderfarbenen Mönchsgewand; sein Schädel ist kahl geschoren. Er blickt in meine Richtung und winkt mich heran. Als ich ihn erreiche, bedeutet er mir, ihm zu folgen. Wir betreten ein winziges Häuschen, eine Art Büro. Drinnen wendet er sich um und legt die Handflächen aneinander. »Ich bin Subhuti«, sagt er mit sanfter Stimme. »Willkommen in Nilambe.«

Seinem Akzent nach ist er Amerikaner. Ein amerikanischer Mönch in Sri Lanka. »Hast du Erfahrung mit Meditation?«, fragt er, nachdem ich mich vorgestellt habe.

Ich schüttle den Kopf. »Ich hab's mal probiert. War aber nichts. Ich würde es gerne lernen.«

Subhuti nickt, reicht mir wortlos ein großes Gästebuch.

Ich trage mich ein. Die Spalte mit der geplanten Aufenthaltsdauer lasse ich offen. Vielleicht verschwinde ich morgen wieder, vielleicht bleibe ich länger, ich weiß es schlicht noch nicht.

Als die Formalitäten erledigt sind, drückt Subhuti mir eine Wolldecke, ein Kissen und den Zimmerschlüssel in die Hände und zeigt mir den Weg zu meiner Unterkunft.

Der Raum in dem klitzekleinen Steinhaus ist kaum größer als eine Abstellkammer. Ein schmales, kurzes Steinbett mit dünner Strohmatratze, eine steinerne Ablage, ein paar Kerzenstummel, ein kleines Fenster. Das ist alles. Komfort stört offenbar bei der Selbstfindung.

An der Tür hängt ein Zettel mit dem Programm.

Von frühmorgens (5:00 Uhr) bis abends wird meditiert, im Sitzen, Stehen oder Gehen. Dazwischen Teepausen, Yoga, Frühstück, Mittagessen, Spaziergänge und Arbeitsmeditation (keine Ahnung, was das sein soll). Um 18:30 Uhr ein kleiner Imbiss, dann ein Vortrag oder Gruppendiskussion, Singen, eine letzte Meditationsrunde und danach ab in die Heia (21:00 Uhr).

Ja, leck mich fett. Ich brauche eine Zigarette. Sofort.

Ich schnappe mir das Streichholzheftchen, das freundlicherweise auf der Ablage liegt. Draußen führen Stufen zu einem Waldhain, der den Nilambe Mountain krönt. Im Schatten der Bäume stecke ich mir endlich die Zigarette an, die ich schon seit Stunden rauchen will. Mein Blick wandert ins Tal hinunter. In der Ferne sieht man den Adams Peak, den höchsten Berg des Landes.

* * *

Nach den langen Wochen in der Kälte Nordindiens war ich scharf auf den Tropentraum in Technicolor: Unawatuna, die Paradiesbucht im Südwesten Sri Lankas. Ich kehrte an den Ort zurück, wo vor Jahren meine Liebesaffäre mit den Tropen begonnen hatte.

Dort, nicht in Indien, hatte ich zum ersten Mal im Tuk-Tuk gesessen, hatte zum ersten Mal den Saft der grünen Kokosnuss getrunken, staunend die glühende Sonnenkugel im Ozean versinken sehen und das *easy living* am sanft geschwungenen Puderzuckerstrand genossen.

Nach einigen Tagen unter Palmen merkte ich aber, dass mir

all das plötzlich nicht mehr genügte. Irgendetwas fehlte. Aber was? Meine Laune war im Keller. Selbst Lal, der lustigste Zigarettenschnorrer diesseits des Äquators, vermochte mich nicht aufzuheitern. Chandra, der einhändige Charismatiker mit der Silbermähne, wusste keinen Rat. Die beiden kannte ich vom letzten Mal, ich mochte sie.

Mit mir stimmte etwas nicht.

Die noch frische Erinnerung an Tataniya und Naveen wies mir den Weg. Die Liebesjünger der Nani-Khoriar-Sekte schienen den richtigen Dreh gefunden zu haben, den Weg, der zur Glückseligkeit führte.

Meditation.

Ich wusste so gut wie nichts darüber. Klar, ich mochte den Dalai-Lama; an meinem Balkon flatterten die bunten tibetischen Gebetsfahnen, die ich irgendwann mal aus Nepal mitgebracht hatte, und natürlich hatte ich die Reiseklassiker von Sven Hedin, Paul Brunton und Alexandra David-Néel gelesen. Aber was es mit der Paradedisziplin der tibetischen Lamas und indischen Einsiedler auf sich hat, von denen in den Büchern die Rede ist, das war mir ein Geheimnis geblieben. Ich hatte die Bücher stets mehr oder weniger als Abenteuerromane verstanden, als pure Unterhaltung.

Wie funktioniert Meditation? Was bewirkt sie? Konnte sie mir womöglich die Zufriedenheit schenken, die mir so spürbar fehlte? Dem alten Mister Pyadase, der an der Dorfstraße hinterm Strand einen kleinen Shop betreibt, erzählte ich, was mich umtrieb.

»I know right place for you. Go to Nilambe«, sagte der alte Mann. »Go to holy mountain.«

»*Nilambe?*«

Mister Pyadase nickte eifrig und erklärte mir, wie man dort hingelangt. »Best place for learning meditation.«

* * *

Trotz des frischen Nikotins in meinen Nervenenden verspüre ich eine wachsende Unruhe. Wie soll es mir gelingen, den ganzen Tag lang still zu sitzen? Bin ich hier wirklich richtig? Das wuselige Kandy, eine knappe Busstunde entfernt, wirkte vielversprechend. Die bunten Märkte, der künstliche See mitten in der ehemaligen Königsstadt, die engen, verwinkelten Gassen. Bestimmt gäbe es dort so manches zu entdecken.

Ich trete die Zigarette aus und stecke den Stummel ein. Gleich gibt es Mittagessen. Mal schauen, wer meine meditierenden Mitstreiter sind.

Ich verlasse den Hain und steige die Stufen hinunter. Üppige Gräser wiegen sich zart im Wind, rote Rhododendren leuchten im Sonnenschein. Am Treppenabsatz erwartet mich Subhuti. »Gib sie mir bitte, ich werfe sie für dich weg«, sagt er leise.

Im ersten Moment verstehe ich nicht, wovon der Ami-Mönch spricht. Dann geht mir ein Licht auf, und ich entgegne im Flüsterton: »Meine Zigaretten?«

Subhuti nickt.

Das ist jetzt echt nicht wahr, oder?

»Subhuti, ich brauche mein Nikotin. Ohne bin ich ein Nervenbündel.«

Der Mönch lächelt sanft. »Empfindungen kommen, Empfindungen gehen. Beobachte, was mit dir geschieht, wenn du nicht rauchst. Sonst musst du Nilambe wieder verlassen.«

Ich schlucke. Soll mein Unterfangen wirklich enden, ehe es überhaupt begonnen hat? »Okay«, sage ich leise. Aber ich mache keine Anstalten, ihm die Zigaretten zu geben. Meine Zigaretten kriegt er nicht.

Subhuti lässt es dabei bewenden.

Mittagessen. Wir sitzen vor der Küche auf Steinbänken, ein gutes Dutzend Westler, alle einen Teller mit Reis und Gemüse auf dem Schoß. Alle schweigen. Jeder kreist auf einer Umlaufbahn um sich selbst. Nur die Vögel zwitschern. Es ist seltsam. Einige der Leute sind in den Zwanzigern, die anderen mittleren Alters. Alle tragen lockere, langärmlige Klamotten, auf manchen Pullis prangt das Om-Zeichen. Niemand zeigt mehr Haut als nötig.

Neben mir sitzt ein Mann um die Fünfzig mit grauen Kringellocken. Die sommersprossige Frau von der Treppe hat es sich auf einem bemoosten Felsen bequem gemacht. Diesmal ohne Hut. Ihr Gesicht wirkt skandinavisch. Sie isst wie in Zeitlupe, kaut jeden Bissen gefühlte hundert Mal. Verglichen mit ihr schlinge ich mein Essen im Zeitraffertempo runter.

Eine Bedienung gibt es hier nicht. Man holt sich das Essen in der Küche beim Koch, hinterher spült man das Geschirr selbst ab.

Über dem Spülbecken hängt ein Zettel, auf dem in schnörkeliger Schönschrift geschrieben steht:

Was du tust, das tue mit Achtsamkeit.
Tue eines nach dem anderen.
Tue nicht mehrere Dinge zugleich.

So viel zum Multitasking.

Na schön. Ich spüle meinen Teller ab, nicht mehr, nicht weniger. Ich schaue genau hin, was meine Hände tun, verfolge jede ihrer Bewegungen. Während das Wasser über meine Finger rinnt, vergegenwärtige ich mir die Nässe auf meiner Haut.

Nach dem Essen ist Ruhe angesagt. Kurz vor halb drei versammeln sich dann alle in der Meditationshalle, einem länglichen, mit Bambusmatten ausgelegten Raum. An der Stirnseite steht ein kleiner Altar mit einer brennenden Kerze und einer Buddha-Statue, zu deren Füßen frische Jasminblüten liegen. Davor sitzt ein älterer, grauhaariger Singhalese in einem langen weißen Gewand, die Beine gekreuzt, die Augen geschlossen. Es ist Godwin Samararathne, der spirituelle Leiter in Nilambe.

Ich lasse mich auf ein Sitzkissen an der Fensterseite nieder und verknote die Beine. Niemand hat mir erklärt, was ich tun soll. Ich fühle mich wie ein Nichtschwimmer vor dem Sprung ins große Becken. Ein schneller Blick auf meine Casio verrät: 14:30 Uhr. Ich schließe die Augen.

Und sehe eine Zigarettenschachtel.

Ich rutsche ein wenig herum, straffe den Rücken. Halte die Augen geschlossen. Dann noch mal ein schneller Blick auf die Uhr. Eine halbe Minute ist vergangen.

Entspannen. An nichts denken.

Geht nicht. Vor meinem inneren Auge sehe ich mich selbst aus dem Waggonfenster blicken, während der Zug nach Kandy hoch ins Gebirge rattert. Was für ein Blick in die Täler. Das satte Tropengrün an den Hängen. Myriaden roter und gelber Orchideen. Die riesigen Palmwedel, die den Zug streifen. Genau wie in Indien haben sich auch in Sri Lanka die Holländer, die Portugiesen und schließlich die Briten ihre Schatzkammern gefüllt. Ihrem Kolonialerbe begegnet man allerorten. Ich wähne mich in einem Roman von Rudyard Kipling …

Hey, du sollst nicht denken!

Drei Sekunden später bin ich zurück in Unawatuna. Das türkisfarbene Meer glitzert im Sonnenschein. Ich möchte hinrennen, mich in die Fluten stürzen, zum vorgelagerten Riff hinausschnorcheln und die bunten Fische beobachten. Wenn man ein bisschen Glück hat, kann man sogar Riesenschildkröten sehen. Was, zum Teufel, mache ich hier? Habe ich den Verstand verloren?

Nächster Blick auf die Casio. Keine vier Minuten sind vergangen. Irgendwo juckt es mich, mal hier, mal dort. Dazu kommt das Zwicken in den Knien. Zuerst ist es nur eine vage Ahnung, aber mit jeder Sekunde wird das Zwicken intensiver. Nach zehn Minuten hat es sich in Schmerz verwandelt. Es fühlt sich an, als hätte ich heißes Kerzenwachs in den Kniegelenken. Zudem scheint mir ein Dolch im Rücken zu stecken. Das Ganze entwickelt sich zur Tortur, zur Selbstfolter. Einmal mehr kommt mir Bholagiri in den Sinn, der Sadhu, der seinen Arm gegen einen Ast ausgetauscht hat – so sah es jedenfalls aus für mich, als ich dem Mann kürzlich begegnete.

Wie soll ich das hier hinkriegen? Ich weiß jetzt schon, dass ich es nicht schaffe.

Das Wetter draußen ist herrlich, und ich sitze mit irgendwelchen Spinnern in einem schummrigen Raum, drohe schier zu ersticken vor Langeweile. Mein Geist springt herum wie ein junger Hund, ein vorwitziger Welpe, der mal in diese, mal jene Richtung prescht. Er will spielen. Er tut alles Mögliche, nur bei mir bleibt er nicht.

Die Schmerzen in meinen Knien werden unerträglich. Ich

gebe mich geschlagen, nach gerade mal einer Viertelstunde. Steifbeinig erhebe ich mich und schleiche aus dem Raum. Die anderen sind in tiefer Meditation versunken, im perfekten Lotossitz erstarrt. Wie schaffen sie das? Als ich an Godwin, dem Chef, vorbeigehe, umspielt ein leises Lächeln seine Mundwinkel.

* * *

Die Teestunde ab 15:30 Uhr ist die einzige Zeit des Tages, zu der wir uns unterhalten dürfen. Ich setze mich zu der Lady mit den Sommersprossen. »Hallo, ich bin Joannis, aus Germany.« »Klara, aus Schweden. Alles okay? Gefällt es dir in Nilambe?« Feine Fältchen umgeben Klaras gletscherblaue Augen. Sie dürfte Anfang vierzig sein. Sie schaut mich offen an.

»Ehrlich gesagt überlege ich, ob ich gleich wieder abhauen soll«, gebe ich zurück. »Ich habe keine Ahnung, wie man meditiert.«

Tatsächlich könnte ich in null Komma nichts wieder in Kandy sein. Ich könnte es mir auf der Mahagoni-Veranda des Old Empire gemütlich machen, erst mal ein eiskaltes Singha genießen und nach Herzenslust qualmen. Worauf warte ich eigentlich noch?

»Es ist sehr mutig, nach Nilambe heraufzukommen«, sagt Klara leise. »Hier oben ist es sterbenslangweilig, es gibt keinerlei Ablenkungen. Man wird unweigerlich mit sich selbst konfrontiert. Man merkt, wie die Gedanken rasen. Gib dir Zeit, um zur Ruhe zu kommen, Joannis.«

»Entschuldigung, wenn ich mich einmische«, meldet sich der Mann mit den grauen Kringellocken zu Wort. »Ich bin

Rick.« Er reicht mir die Hand. »Als ich zum ersten Mal hier oben war, hatte ich die gleichen Schwierigkeiten wie du. Es geht allen so. Sprich mit Godwin oder Subhuti. Sie helfen dir.«

Wie sich herausstellt, stammt Rick aus Kanada. In seinem früheren Leben war er Investmentbanker, heute leitet er eine Waisenschule im südindischen Tamil Nadu. Er ist Stammgast in Nilambe. Ein angenehmer Zeitgenosse, dieser Rick.

Die nächste Meditation läuft genauso schlecht wie die vorherige. Tausend Gedanken zischen mir durch die Birne, dazwischen herrscht höchstens zwei Sekunden Ruhe. Die Schmerzen in den Knien sind heftig, mein Körper schreit nach Bewegung. Entnervt schlage ich die Augen auf. Einige Leute haben begonnen, in Zeitlupe durch den Raum zu gehen. *Walking meditation.* Gute Idee. Ich erhebe mich und setze die nackte Fußsohle Millimeter für Millimeter auf die Bambusmatte. Dann den anderen Fuß. Die Welt ist auf hundertzwanzigfache Verlangsamung gestellt. Eine Minute für einen Schritt. Ich spüre die Struktur des Bambus unter dem Fußballen, registriere die kleinen Korrekturbewegungen, mit denen die Sohle versucht, den Körper im Gleichgewicht zu halten. Nach einer Ewigkeit stehe ich vor Godwin, dem Chef-Schweiger. Er sitzt da wie eine Statue. Ganz langsam drehe ich mich um und beginne den Zeitlupenmarsch ans andere Ende des Raumes.

* * *

Nach Sonnenuntergang versinkt unser Berg in tiefer Dunkelheit. Elektrisches Licht gibt es nicht in Nilambe. Kalt wird es auch. In meine Wolldecke gehüllt, gehe ich in die Küche, wo sich alles um den großen Feuerofen in der Mitte schart. Es gibt Hartbrot mit Margarine, wie bei den Nani Khoriar, dazu Malzkaffee. Wir mampfen schweigend. Nichts außer unseren Kaugeräuschen ist zu hören.

Zurück in der Meditationshalle, hält Godwin seinen abendlichen Vortrag. Zum ersten Mal höre ich seine Stimme. Sie klingt warm und voll. Er spricht zu uns in einfachen englischen Sätzen.

»Der Buddha lehrt uns: Entdecke dich selbst, erforsche dich! Manchmal bist du glücklich, manchmal bist du traurig. Warum ist dein Leben manchmal ein Himmel und manchmal eine Hölle? Wer macht dein Leben zum Himmel oder zur Hölle?«

Er hält inne und sieht uns bedeutungsvoll an.

»Niemand außer dir selbst. Du bist Gefangener deiner Empfindungen. Du willst eine Prüfung bestehen, einen bestimmten Job haben, ein Haus besitzen oder dich einfach nur amüsieren. Erfüllt sich dieser Wunsch, bist du kurzzeitig zufrieden. Erfüllt er sich nicht, bist du traurig und enttäuscht, weil die Traumwelt keine Realität wird. Du leidest.«

Wieder eine Pause. Godwin schließt die Augen. Wir sitzen in drei Reihen vor ihm am Boden, mit Subhuti und zwei Einheimischen sind wir insgesamt fünfzehn Leute. Ich sitze ganz hinten, Klara rechts vor mir, neben ihr Rick. Im Kerzenschein leuchtet Klaras rotblondes Haar wie glühender Bernstein.

»Das Leid lässt sich überwinden, wenn man Anicca begreift, das Prinzip der Vergänglichkeit«, fährt Godwin fort.

»Alles im Leben ist Anicca. Auch deine Empfindungen, ob positiv oder negativ, sind vergänglich. Wenn du sie als Anicca erkennst, endet dein Leid.«

Aha. So ist das also.

Draußen hat ein Zikadenheer beschlossen, uns lautstark zu beschallen. Es stört mich nicht, im Gegenteil. Mich stört vielmehr, dass ich keinen Schimmer habe, was Godwin mir da beibiegen will. Ich bin müde, mir knurrt der Magen, und ich verzehre mich nach Nikotin. Ist das die Hölle, von der er spricht?

»Um Anicca zu begreifen, fordert der Buddha uns auf, bewusst zu atmen. Das ist alles. Wenn wir unbewusst atmen, gestatten wir unserem Geist, ohne Achtsamkeit zu leben. Wir identifizieren uns mit unseren Empfindungen und verspüren Leid. Wir folgen jedem geistigen Impuls, wollen das tun, was wir gerade möchten. Der Körper hetzt dem Geist hinterher.

Wenn wir dagegen bewusst atmen, wenn wir uns auf das Ein- und Ausatmen konzentrieren, dann führen wir den umherwandernden Geist sanft zum Körper zurück. Man nennt es Anapanasati-Meditation. Die schiere Konzentration auf den Punkt unterhalb der Nase, an dem der Atem die Haut berührt. Wir sitzen da, reglos wie ein Frosch, und spüren unseren Atem. Sobald ein Gedanke oder eine Empfindung kommt, erkennen wir es und kehren zum Atem zurück. Wir wissen: Gedanken und Empfindungen sind nur Wolken am Himmel. Wir selbst sind der Himmel.«

Damit endet Godwins Vortrag.

Atmen – damit habe ich gute Erfahrungen gemacht. Rhythmisches Power-Atmen hat meinen Tinnitus fortgeblasen. Aber das, wovon dieser Godwin spricht, ist etwas ganz anderes. Bin ich jetzt schlauer? Weiß ich nun, wie man meditiert? Ich bin einfach nur genervt – von Godwin, von seinen Jüngern, die gebannt an seinen Lippen hängen, und vor allem von mir selbst. Missmutig trolle ich mich. Die anderen fangen an zu singen. Die Abendmeditation kann mir gestohlen bleiben. Draußen ist es empfindlich kalt geworden. Obwohl ich in meine Wolldecke gehüllt bin, fröstelt mich, während ich mit meiner Taschenlampe über den dunklen Pfad trotte. Als ich mich dankbar in meinem Schlafsack verkrieche, habe ich seit neun Stunden nicht geraucht. Bevor ich auf dumme Ideen komme, schließe ich die Augen. Und schlafe ein.

* * *

Ein Gongschlag weckt mich. Im ersten Moment weiß ich nicht, wo ich bin. Ein schlaftrunkener Blick auf die Casio verrät: 4:45 Uhr.

Keine Ahnung, wie es mir gelingt, mich aus dem Schlafsack zu kämpfen und zur Meditationshalle zu schleppen. Punkt fünf sitze ich wieder an meinem Platz. Diesmal fällt es mir leichter, die Augen geschlossen zu halten. Ich schwebe im Dämmerzustand zwischen Schlafen und Wachen. Was mache ich hier eigentlich – dösen oder meditieren? Keine Ahnung, aber es funktioniert gar nicht mal so schlecht.

Als ich nach einer Stunde aus der Halle torkele, schimmert die Morgenröte hinter den Bergen. Über dem Tal liegt eine Wolkendecke, Dunstschwaden hängen zwischen den Bäumen, Vögel zwitschern das Lied vom neuen Tag. Ich hole mir meinen Morgentee und setze mich zu Subhuti auf eine Steinbank.

»Was meint Godwin, wenn er sagt, Gedanken und Empfindungen seien die Wolken und wir selbst der Himmel?«, flüstere ich dem Mönch zu.

Er trinkt einen Schluck von seinem Tee, schlägt ein Bein über das andere, sieht mich an und fragt mich leise:»Machst du, dass dein Herz schlägt, deine Lunge sich aufbläht und wieder zusammenzieht? Heilst du einen Kratzer auf deiner Haut?« Ich schüttle den Kopf.»Ganz genau. Diese Dinge geschehen von selbst. Und mit deinen Gedanken und Empfindungen verhält es sich genauso. Dein Gehirn produziert sie unablässig und verstrickt dich damit in einen inneren Dialog. Aber das bist nicht du. Gedanken und Empfindungen sind das Produkt einer Körperfunktion. Die Wolken. Du selbst bist reine, unkonditionierte Bewusstheit. Der Himmel.«

»Aber wie kriegt man es dann hin, dass einem beim Meditieren nicht ständig all diese Gedanken kommen?«, möchte ich von ihm wissen.

Subhuti lacht.»Lass sie ruhig kommen. Es ist ihre Aufgabe! In der Meditation geht es darum, die Pausen zwischen den Gedanken nach und nach zu vergrößern, nichts weiter. Anfangs sind es nur ein paar Augenblicke. Mit der Zeit werden diese Pausen länger und länger. Es gibt keine gute oder schlechte Meditation. Urteile nicht, kehre immer wieder zum Atem zurück. Das ist alles.«

Nach einer Pause fährt er fort:»Mach einfach ›puh‹ und starre ins Leere. Die Leere, die dann folgt, ist FRIEDEN. Einen Moment lang bist du pure Bewusstheit.« Subhuti macht »Puh«, den Oberkörper leicht vorgebeugt. Seine Gesichtszüge sind erschlafft, sein Mund steht offen, sein Blick ist ausdruckslos und starr.

Ich mache es ihm nach. »Puh …«

Und gleich noch mal. »Puh …«

Das ist gut. Fünf Sekunden ohne Gedanken. Ein schönes Gefühl.

Als ich aufblicke, ist Subhuti verschwunden.

Es stellt sich heraus, dass Klara die morgendliche Yogastunde leitet; sie findet in der Meditationshalle statt. Sonnengruß, Baum, Dreieck, abwärtsschauender Hund, Kobra. Die Sanskrit-Bezeichnungen für die Körperhaltungen klingen wie geheime Losungen: *Surya Namaskara. Vrksasana. Trikonasana, Adho Mukha, Bhujang.* Hinterher fühlt mein Körper sich an wie neu justiert. Ich spüre Muskeln, deren Existenz ich vergessen hatte. Mir war nicht bewusst, wie eingerostet ich bin.

Vor der nächsten Meditation vergegenwärtige ich mir Subhutis Worte und mache »Puh«.

Konzentriere dich auf den Atem.

Auf den Punkt unter deiner Nase.

Ein. Und. Aus.

Ein. Und. Aus.

Unweigerlich explodiert das Gedankenfeuerwerk in meinem Kopf, reißt mich aus meiner Konzentration. Als ich den ersten Gedanken bemerke, kehre ich zum Atem zurück. Dann kommt der nächste Gedanke. Und der nächste. Atmen und Denken. Denken und Atmen. Hin und her. So ist das also. Die Zeit kriecht. Immerhin. Sie steht nicht still. Als ich die Schmerzen in den Knien und im Rücken nicht länger ertrage, entknote ich meine Beine und nehme den Zeitlupenmarsch auf.

* * *

Träge fließen die Tage dahin. Träge und zäh. Immerzu besteht die Gefahr, dass ich meine Sachen packe und verschwinde. Ich spüre, wie es in mir rumort. Jede Meditation kommt mir vor wie ein epischer Kampf gegen die Uhr, ein Ringen mit dem Schmerz. Ich bin kein Schmerzfresser. Ich leide wie ein geprügelter Hund. Aber ich bleibe.

Nach und nach öffnen sich meine Augen für die Schönheit der Natur, die mich in Nilambe umgibt. Mein Herz wird weicher. Ich beobachte das schweigende Sternenmeer am Nachthimmel, sehe die Sonne auf- und wieder untergehen, betrachte die krabbelnden Insekten auf den Blüten, lausche dem Prasseln eines Regengusses. Und ich genieße das Schweigen. Hier oben wird mir bewusst, wie viel banales Zeug wir ständig absondern, um die unangenehme Stille zwischen uns und unseren Mitmenschen auszufüllen. Wenn ich beim Spaziergang einem anderen Gast begegne, muss ich keine Höflichkeitsfloskeln plappern. Ein kurzes Nicken genügt.

Immer wieder bemerke ich, wie meine Begehrlichkeiten von Neuem aufflackern. Einmal male ich mir in allen Details aus, wie ich auf einem der Märkte in Kandy meine DVD-Sammlung billig aufstocken könnte; in Gedanken erstelle ich eine Kaufliste. Ein andermal stelle ich mir haarklein vor, wie ich meine Wohnung neu einrichten könnte und welche Anschaffungen dafür nötig wären. Doch ich merke, dass diese Wünsche und Gedankenspiele genauso schnell vergehen, wie sie kommen. Sie ziehen weiter. Wie die Wolken am Himmel. Godwin scheint recht zu haben. Selbst der Jieper auf eine Zigarette kommt und vergeht wieder.

Am neunten oder zehnten Tag geschieht etwas, das ich nur als Wunder bezeichnen kann. Bei einer Nachmittagsmeditation bleibt das Schwungrad meiner Gedanken plötzlich stehen. Mein Geist kommt zur Ruhe, springt nicht mehr herum wie ein naseweiser Welpe. Ich habe ihn tatsächlich gebändigt. Mein Geist ist bei mir, liegt, um im Bild zu bleiben, sanft in meinem Schoß. Sein Fell ist weich, und mein Atem ist die Schwingtür, durch die ich ihn hereingeholt habe. Ich verharre in perfekter Leere, ohne Zeitgefühl, ohne Begierden. Selbst die Schmerzen, die mich bei jeder Meditation peinigten, sind verschwunden, als hätte ich sie mir nur eingebildet.

Das Wunder geht weiter. Mit einem Mal ist mir, als würde ich aus meinem Körper emporsteigen und von oben auf ihn herabblicken wie auf den eines anderen Menschen. Eines Fremden. Der da unten, das bin nicht ich. Ich bin … ja, was bin ich eigentlich? Pure, körperlose Bewusstheit? So nannte es Subhuti. FRIEDEN?

Was es auch sein mag, es ist die außerordentlichste Erfahrung, die ich je gemacht habe. Ich weiß nicht, wie lange sie andauert. Sekunden? Minuten? Oder gar Jahre, die ich in einem Paralleluniversum verbringe? Zeit ist relativ. Irgendwann ist es vorbei. Der zarte Gongschlag, mit dem die Meditation endet, holt mich in die Wirklichkeit zurück. Benommen sitze ich da und spüre die Tränen, die mir über das Gesicht laufen. Ich verlasse die Meditationshalle und steige die Stufen zum Hain hinauf. Ich genieße den Nachhall dessen, was ich soeben erlebt habe.

Nun kenne ich den Grund meiner Unzufriedenheit: Mein Geist sehnt sich nach Heimkehr. Er ist es leid, umherzuirren und sich in einer Welt zu verlieren, die uns mit unzähligen Spaßangeboten überhäuft, aber unseren Hunger nach Wahrhaftigkeit nicht zu stillen vermag. Nun habe ich das Gefühl, meinem Geist neue Orientierung gegeben zu haben, und ziehe daraus eine immense Befriedigung.

Aber Vorsicht: Man soll sich ja nicht auf die Schulter klopfen. Auch das wäre ein Urteil. Ein positives zwar, doch gerade deshalb bestünde die Gefahr, ebendieser Erfahrung bei der nächsten Meditation hinterherzujagen. Wie sagte Subhuti noch? Es gibt keine gute oder schlechte Meditation. Urteile nicht. Die nächste Session wird bestimmt nicht mit einem derart intensiven Erlebnis aufwarten. Danach zu streben wäre ein Festhalten, das es ja gerade zu überwinden gilt. Es gilt, *Anicca* zu erkennen, wie Godwin sagt, die Vergänglichkeit aller Dinge zu erfassen und loszulassen. Wir sind nicht unsere Gedanken. Wir sind der Himmel.

Wow.

WOW!

Wie simpel und vertrackt zugleich die buddhistische Lehre doch ist.

Doch bei allem Respekt vor meinen Lehrern, ich kann nicht anders: Ich freue mich, und zwar über alle Maßen. Das muss jetzt mal erlaubt sein.

Während ich den Pfad am Waldrand entlangspaziere, habe ich das Gefühl, in den letzten Tagen etwas sehr Kostbares gelernt zu haben. Etwas, das mir für den Rest meines Lebens wertvolle Dienste erweisen kann. Falls ich am Ball bleibe. Falls dies keine einmalige Episode war. Mir scheint, dass man das menschliche Gehirn trainieren kann wie einen Muskel. Tut man nichts, bleibt der Geist für immer ein herumtollender junger Hund, ein spielwütiger Welpe. Wenn man lernt, ihn zu erziehen, scheint alles möglich.

Irgendwann drehe ich um und mache mich auf den Rückweg zu meinem Häuschen. Unterwegs begegne ich Subhuti. Wir wechseln kein Wort. Er sieht auch so, was mit mir los ist.

In den nächsten Tagen erscheint mir die einstündige Meditation nicht mehr wie eine Ewigkeit. Es ist kein Kampf mehr gegen einen übermächtigen Gegner, keine Schlacht, die ich regelmäßig verloren habe. Ich genieße es zu meditieren. Ebenso genieße ich die Ruhe. Die Natur. Godwins abendliche Vorträge. Den Küchendienst. Die Gartenpflege. Das ist die Arbeitsmeditation, von der auf dem Zettel an meiner Tür die Rede ist. *Working meditation.* Auch sie hilft, die Gedanken zur Ruhe zu bringen. Ich beginne zu verstehen, weniger auf der rationalen Ebene, sondern auf der des Herzens. Ich habe in Nilambe etwas gefunden, von dem ich nicht wusste, dass ich es überhaupt gesucht hatte.

* * *

Auch Nilambe unterliegt dem Prinzip der Vergänglichkeit. Leute kommen, Leute gehen. Alles ist im Fluss. Klara reist eines Tages ab. Ein anderer übernimmt ihre Yogastunde. Kurz darauf fährt Rick für ein paar Tage nach Kandy hinunter. Ich beginne zu spüren, dass es Zeit wird zu gehen, um herauszufinden, wie meine neuen Erfahrungen sich draußen in der lärmenden Welt bewähren.

Als ich mich von Godwin und Subhuti verabschiede, bin ich ihnen unendlich dankbar. Ich weiß, dass ich eines Tages wiederkommen werde.

Ganz bestimmt.

Dann marschiere ich los, den Rucksack geschultert. Aus irgendeinem Grund erscheint er mir leichter als vor zwei Wochen. Kurz bevor ich die erste Biegung erreiche, ruft jemand meinen Namen.

Ich drehe mich um und erblicke Subhuti. Er bedeutet mir, stehen zu bleiben, und eilt mir entgegen. Ich wusste gar nicht, dass er so schnell laufen kann.

Als er schließlich vor mir steht, sagt er atemlos: »Ich möchte dir noch etwas geben.« Er reicht mir einen gefalteten Zettel.

Dann nickt er, wendet sich um und marschiert wieder den Pfad hinauf.

Ich falte den Zettel auseinander. Darauf steht:

Meditiere, wenn dir danach ist.
Wenn dir nicht danach ist, meditiere.

Ein japanischer Zen-Meister

LACHEN WIE BEKLOPPT

(Bangkok)

Eines Tages im Internetcafé in Banglampoo. Unter meinen Mails entdecke ich eine von Amy. Es ist schon eine ganze Weile her, seit ich von ihr gehört habe.

Ich öffne die Mail und lese. Und obwohl sie nur vierzehn Zeilen lang ist, muss ich die Mail dreimal lesen, um sie zu verstehen. Weil ich erst nicht *verstehen will*, was ich dort lese. Dann sitze ich eine Viertelstunde lang nur da und starre Löcher in die Luft. Die entscheidende Frage lautet: Wie antwortet man auf so eine Nachricht?

Keine Ahnung. Ich versuche es.

Hi Amy, mein Bombay Buddy!!
Schön, mal wieder von dir zu hören. Danke für deine Zeilen. O Mann, die Sache mit deinen Augen geht mir ziemlich nahe. Scheißgeschichte. Halte durch! Ich schicke dir all meine Kraft und Liebe. Möge die Sonne auf immer in deinem Herzen scheinen! Es freut mich, dass Nikhil eine Weile für dich da sein kann.
Ich war gerade in Vietnam und Kambodscha unterwegs und verbringe nun noch einige Tage in Thailand. Sorry, ich muss jetzt leider los, zu einem Kurs am Lumpini Park. Später gibt es einen ausführlichen Bericht.

Bis bald, Joannis

Ich schicke die Mail ab und logge mich aus. Das mit Amy zieht mich komplett runter. *Blind.* Das verdammte Wort lässt mich schier verzweifeln. Es hat sich ja schon seit Jahren abgezeichnet, aber dass es nun wirklich so gekommen ist, dass Amy nun in permanenter Dunkelheit lebt, ist ein Schock. Immerhin scheint sich dieser Nikhil, der Arztsohn aus Poona, mächtig ins Zeug zu legen. Er ist derjenige, der das Mädchen mit den umwerfend grünen Augen in Auckland besucht. Nicht ich.

Ich verlasse das Internetcafé und mache mich auf den Weg zu diesem sonderbaren Kurs, zu dem ich eingeladen wurde. Obwohl mir danach momentan ganz und gar nicht zumute ist.

* * *

»Wie oft habt ihr heute schon gelacht?«, fragt Susan Aldous in die Runde und sieht uns herausfordernd an. Ihre blauen Augen blitzen. Ihr Blick fällt auf mich.

»Häh?«, murmle ich abwesend. Ich kann mich kaum konzentrieren, weil ich pausenlos an Amy denken muss. Verdammt, das darf doch nicht wahr sein.

»Wie oft hast du heute schon gelacht, Joannis?«, wiederholt Susan, den strahlenden Blick unverwandt auf mich gerichtet.

Ich antworte: »Wahrscheinlich noch gar nicht.«

Susan nickt. »Und du, Pimmy?«

Die junge Thailänderin zuckt mit den Schultern. »Ich weiß nicht.«

»Elizabeth, wie oft hast du heute schon gelacht?«

»Ein paar Mal. Aber nicht oft«, erklärt die Norddeutsche.

»Genau«, sagt Susan. »Erwachsene lachen nicht oft. Im

Schnitt zehn bis fünfzehn Mal am Tag. Wisst ihr, wie oft Kinder am Tag lachen?«

Alle schütteln den Kopf. Jenseits der deckenhohen Panoramafenster schmort Bangkok in der smoggeschwängerten Hitze, ein Glutofen aus Stahlbeton und Dieselschwaden. Hier drinnen herrschen angenehme zweiundzwanzig Grad, die Luft ist gefiltert, der Lärm ausgesperrt. Ein Hort des Friedens im Wahnsinn des Molochs. Wir sind zwölf Leute, die Hälfte Thai, die anderen Europäer und Amis. Wir stehen im Halbkreis um Susan, barfuß auf edlem Mahagoniparkett. Alle schauen sie erwartungsvoll an.

»Kinder lachen bis zu fünfhundert Mal am Tag.« Susan hebt die Brauen. »Sie fluten sich mit Glückshormonen. Sie sind dauerhigh. Sie leben ganz und gar im Augenblick. Als Erwachsene haben wir diese Fähigkeit verloren, lassen uns von Sorgen und Depressionen plagen. Warum? Weil wir nicht genug lachen!«

Die fünfzigjährige Australierin strahlt uns an. Sie scheint von innen heraus zu leuchten. Sie erfüllt den Raum mit ihrer Präsenz, ist voll *da*.

»Die gute Nachricht ist: Wir können uns diese Fähigkeit zurückholen«, fährt Susan fort. »Lachen ist ein Kniff der Natur, mit dem man sich glücklich machen kann. Ein natürliches Antidepressivum, wenn man so will. Das Gehirn lässt sich nämlich austricksen. Es erkennt nicht, ob man mit oder ohne Grund lacht. Bei jedem Lachen produziert es einen Cocktail aus Glückshormonen. Und genau darum geht es bei uns – darum, mit grundlosem Lachen das Gehirn auszutricksen und Glückshormone zu produzieren. Wir lachen nicht, weil wir glücklich sind – wir sind glücklich, weil wir lachen!«

Susan lebt seit mehr als dreißig Jahren in Bangkok und leistet in verschiedenen Bereichen karitative Arbeit. Ich bin durch ihr Buch *The Angel of Bangkwang* auf sie aufmerksam geworden; es beschreibt ihre therapeutische Arbeit mit Sträflingen im Hochsicherheitsgefängnis. *Angel* hat sie landesweit bekannt gemacht. Sie ist eine Art Seelenverwandte Mutter Teresas, engagiert sich in Kranken- und Waisenhäusern, in Hospizen, Schulen und Kindergärten. Jeden zweiten Sonntag unterrichtet sie Lachyoga in ihrem Studio unweit des Lumpini-Parks, gratis natürlich.

Einfach so draufloslachen? Als hätte ich sie nicht mehr alle?

Eigentlich hat mich ein ganz anderer Grund nach Bangkok geführt. Ich bastele an einer Buchidee, eine Asien-Geschichte. Bangkwang, der Hochsicherheitsknast, in dem Susan sich engagiert, ist einer der Schauplätze. Als ich Susan deshalb auf Facebook kontaktierte und um Informationen bat, lud sie mich zum Lachyoga ein. Und so bin ich hier gelandet.

Die Atmosphäre im Raum schwankt zwischen erwartungsvoller Neugier und verklemmter Skepsis. Kriege ich das hin, ohne Grund zu lachen, ausgerechnet heute? Bestimmt würde Amy mich bestärken.

Susan klatscht in die Hände. »Okay, zuerst stellen wir uns der Gruppe vor. *Hi, ich bin Susan und stamme aus Australien. Ha-ha-ha!* Die anderen antworten ›*Das ist super!*‹ und klatschen und lachen auch.«

Das sieht mir schwer nach einem denkwürdigen Nachmittag aus. Susan deutet auf einen der Europäer im Raum. »Marc, du fängst an.«

Marc zögert kurz. »Hi, ich bin Marc aus Frankreich«, sagt er schüchtern. »Ha-ha-ha.«

»Das ist super!«, antworten wir im Chor und prusten klatschend los.

»Ich bin Pimmy aus Bangkok. Hi-hi-hi!« Bei ihr klingt es genauso gekünstelt wie bei Marc.

»Das ist super!«, schallt es unisono durch den Raum.

»Ich bin Lisa aus Deutschland. Ha-Ha-ha.« Schon viel besser. Elizabeth hat Lacherfahrung. Auch sie lebt in Bangkok – sie arbeitet beim hiesigen Roten Kreuz – und ist regelmäßig zu Gast bei Susan.

»Das ist super!«

Zuletzt bin ich an der Reihe.

Mein Lachen klingt wie das eines Misanthropen beim Smalltalk auf einem Stehempfang.

»Das ist super!«

»Okay, und jetzt hüpfen wir durch den Raum und begrüßen uns gegenseitig mit einem tiefen Blick in die Augen«, macht Susan weiter. »Dabei klatschen wir rhythmisch in die Hände und rufen Ho-ho-ha-ha-ha! Auf geht's!«

Wir tun wie geheißen, hüpfen los, als hätten wir zum Frühstück Sprungfedern geschluckt.

Ho-ho-ha-ha-ha!

Klatsch-klatsch-klatsch-klatsch-klatsch!

Wie sich herausstellt, ist es gar nicht so leicht, wildfremden Menschen tief in die Augen zu schauen, den Blick wirklich zuzulassen, eine Verbindung zum anderen herzustellen. Ganz schön klemmig, das Ganze.

Nach einer lockeren Dehn- und Atemübung bilden wir einen Kreis und steigen in die Lachrakete ein. Wir gehen in die Knie, schütteln die Hände, strecken sie langsam in die Höhe, machen dabei Zischlaute, die immer lauter werden, bis die

Rakete schließlich abhebt und wir unter schallendem Gelächter in die Luft springen.

Super albern.

Aber auch echt lustig.

»Willkommen im Zauberland des Lachens«, ruft Susan, nachdem unsere Rakete wieder gelandet ist. »Hier ist alles gaaaanz anders ... Das Glück tropft von den Bäumen ... Die Sonne verströmt Liebesschein ... Das Leben ist ein Fest. Seht euch um. Macht große Augen. Seid neugierig wie Kinder.« Staunend blicken wir uns um, wandern durch den Raum, machen »Ah, oh.« Es ist immer noch derselbe klimatisierte Raum mit dem schönen Mahagoniboden. Aber etwas beginnt sich zu verändern. Ich werde lockerer. Und die anderen offenkundig auch.

Als Nächstes zerknüllen wir den Ärger des Tages symbolisch zu einem Ball. Wir werfen ihn über die Schulter fort, lassen ihn hinter uns und lachen. Dann noch einmal; der nächste Ärger-Ball ist so groß wie eine Abrissbirne, den jeder für sich mit beiden Armen hochhievt und nach hinten fallen lässt. Die restlichen Sorgen werfen wir auf ein imaginäres Sprungtuch und befördern sie gemeinsam auf drei – eins ... zwei ... drei! – aus dem Fenster.

Ho-ho-ha-ha-ha!

Eine Lachübung folgt der nächsten. Beim Handy-Lachen kichern wir in ein imaginäres Telefon; beim Löwen-Lachen fauchen und prusten wir uns gegenseitig an; beim Scharfe-Suppe-Lachen stellen wir uns vor, auf eine Chilischote zu beißen; das dreckige Gangster-Lachen klingt wie ... ein dreckiges Gangster-Lachen. Währenddessen wandern wir durch den Raum und schauen uns wieder und wieder tief in die Augen.

Und das fällt plötzlich gar nicht mehr schwer. Unsere Blicke sind offener geworden, weicher.

Die Zeit vergeht wie im Flug, die Albernheit ist ansteckend. Am Ende folgt der Höhepunkt: freies Lachen. Wir legen uns in einer sternförmigen Anordnung auf den Boden, die Köpfe weisen zur Sternenmitte. Dann bricht die Lachlawine los. Jeder reißt jeden mit. Mein Gelächter wird immer lauter, heftiger, bis es mich vollends durchschüttelt und ich endgültig loslasse. Minutenlang lachen wir wie bekloppt. Als das Gelächter nach einer Weile abzuebben beginnt, bin ich derjenige, der nicht mehr aufhören kann. Vermutlich lache ich mehr als in den letzten zwanzig Jahren zusammen. Es kommt mir vor, als hätte ich seit Ewigkeiten auf diesen Moment gewartet. Es ist wie ein innerer Großputz. Raus mit all dem Mist! Dem Stress. Den Sorgen. Der verdammten Traurigkeit …

Irgendwann bittet Susan uns, zur Ruhe zu kommen. Ein leiser Gong ertönt. Es wird still im Raum. Es folgt Shavasana, die zehnminütige Tiefenentspannung im Liegen. Ich bin völlig erschöpft, aber fühle mich wie ein Kind, das den Schlüssel zum Süßigkeitenladen gefunden hat.

Als wir aufstehen, wirken meine Mitstreiter plötzlich wie ausgewechselt. Sie strahlen. Zuvor verkniffene Gesichter leuchten mit einem Mal wie Glühbirnen. Meines vermutlich auch. Wir sind als Einzelne hergekommen, nun sind wir eine Gemeinschaft. Die Endorphin-Gang.

Am Ende umarme ich Susan. Sie hat mir ein großartiges Geschenk gemacht. Ein Geschenk, das jeder Mensch in sich trägt, nur dass die meisten Leute nichts davon wissen. Danke, Susan, du Lachgöttin. Danke, dass du das Geheimnis mit mir geteilt hast.

Doch trotz meines Hochgefühls ist es, als schwämme in meinem hormongefluteten Bewusstsein ein Splitter, der mich immer wieder pikt. Während die anderen den Raum verlassen, drehe ich mich noch einmal um und gehe zu Susan zurück. »Hast du noch einen Augenblick Zeit?« Die Australierin schaut mich offen an. Sie strahlt. »Auf jeden Fall.«

»Susan, das Lachen mit dir war toll. Ich fühle mich großartig. Aber ich habe ein schlechtes Gewissen. Kurz bevor ich hierhergekommen bin, habe ich erfahren, dass eine Freundin von mir erblindet ist. Und ich stehe hier und lache mich schlapp. Ist das nicht schizophren?«

Susan nickt. »Ich weiß sehr gut, was du meinst«, beginnt sie. »Letztes Jahr musste ich vor zweihundert Leuten eine Lachyoga-Stunde halten, im Konferenzsaal eines schicken Hotels. Minuten zuvor erfuhr ich, dass in Melbourne mein Vater gestorben war. Ich war völlig fertig, trat mit verheulten Augen vor die Leute. Aber ich wollte nicht absagen.« Einen Moment lang sieht sie mich ernst an, dann kehrt das Lächeln zurück.

»Und wie lief es?«, frage ich.

»Es ging mir ähnlich wie dir. Ich habe mit den Leuten gelacht und im Innern geweint. Ich war todtraurig, aber das Lachen wirkte wie ein Ventil. Wenn man es zulässt, hilft es, bei sich selbst zu bleiben und hinzunehmen, dass Leid und Tod zum Leben dazugehören. Es ist nicht verwerflich, seiner Trauer ins Gesicht zu lachen, Joannis. Im Gegenteil, es hilft, sie zu überwinden.«

* * *

Schizophren hin oder her, mit federnden Schritten gehe ich zur U-Bahn, trotz Amy ein Lächeln im Gesicht. Oder gerade ihretwegen? *Ich schicke dir all meine Kraft und Liebe,* das habe ich ihr doch selbst geschrieben. Also tue ich es auch. Ich denke an sie, versuche alles, was an positiven Gedanken in mir steckt, zu ihr hinüberzubeamen. Und es stimmt ja wirklich: Nach dem Lachen fühle ich mich saugut. Geerdet. Selbstsicher. Souverän. Wer möchte sich nicht so fühlen? Ich stehe auf der Rolltreppe und pfeife leise vor mich hin.

Als ich die Khao San Road erreiche, schwebe ich ein paar Zentimeter über dem Boden. Früher war die Gegend der Nexus südostasiatischer Sehnsüchte, ein Fluchtpunkt für Rucksackreisende. In der Khao San Road erfuhr man seine Initialisierung, wurde Teil der Traveller-Community, schmiedete Pläne für das große Abenteuer, das gleich hinter der Stadt begann. Heute ist die Gegend eine rund um die Uhr geöffnete Sauf- und Shoppinghölle, die Horden junger Partytouristen anlockt.

Leute, lacht, möchte ich ihnen zurufen. *Etwas Besseres gibt es nicht!*

Ich hätte mir nie im Leben träumen lassen, welche Wirkung intensives Lachen auf die Hirnchemie haben kann. Nun möchte ich es genauer wissen und setze mich ins nächste Internetcafé. Was ich im Netz finde, haut mich von den Socken. Die Gelotologie – so heißt die Wissenschaft vom Lachen – führt zwar eher ein Schattendasein, doch worauf die bislang vorliegenden Studien hinzudeuten scheinen, klingt beinahe wie Zauberei, fast zu gut, um wahr zu sein.

Durch regelmäßiges Lachen, so die führenden Experten, finde man neue Lösungsansätze für persönliche Probleme, man sei gelassener, kontaktfreudiger, beliebter, sozial erfolgreicher, kreativer; man beschreite neue Denkwege, könne chronische Schmerzen ausschalten, schweren Erkrankungen vorbeugen, das Krebsrisiko senken, seine Atemwege reinigen, durch die verbesserte Sauerstoffaufnahme den gesamten Organismus beflügeln …

Mit anderen Worten: Wer täglich intensiv lacht, verwandelt sich in eine aufgepimpte Version seiner selbst. Lachen als Superdoping für Leib und Seele.

Draußen sind die Neonlichter angegangen. Bangkok hat sein glitzerndes Nachthemd übergestreift, und mir geht auf, dass ich schon seit Stunden nicht mehr geraucht habe. Ich habe überhaupt kein Verlangen nach Nikotin. Wenn der Organismus mit Glückshormonen geflutet ist, scheint er nichts anderes zu benötigen.

Das Four Sons Guesthouse liegt hinter einer weitläufigen Tempelanlage. Sechzig Mönche meditieren dort dem Nirwana entgegen. Auf meiner Seite der Tempelmauer bevölkern Touristen die Freiluftbars wie durstige Antilopen eine Wasserstelle; andere lassen sich von gelangweilt blickenden Thai-Mamas die Füße massieren.

Yeah. Zur Feier des Tages ein Drink, das ist jetzt genau das Richtige.

* * *

Als ich am nächsten Morgen aufwache, spüre ich in mich hinein. Was ist der Stand der Dinge? Ein Grinsen hebt meine Mundwinkel. Alles bestens. Damit es so bleibt, genehmige ich mir noch im Bett den ersten Endorphin-Flash. Als Lachjunkie bin ich gleichzeitig Produzent und Konsument meiner persönlichen Superdroge. Die Produktionsstätte befindet sich in meinem Kopf. Legal, gesund, kostenlos. Was will ich mehr? Später im Taxi bemerke ich im Rückspiegel den argwöhnischen Blick des Fahrers. *Warum kichert der Knallkopf da hinten die ganze Zeit vor sich hin?*, scheint er sich zu fragen. Gestenreich erkläre ich ihm, was Sache ist. Er nickt teilnahmsvoll. Ich habe keine Ahnung, wie viel er versteht, aber dann raunt er »I see« und lacht ebenfalls los. Die ganze restliche Fahrt zum Flughafen geht es so weiter, wir gackern uns gegenseitig einen vor.

Mir bleiben noch ein paar Tage bis zur Rückkehr nach Deutschland. Die möchte ich auf einer Insel in der Andamanensee verbringen, Koh Phayan heißt sie. *Air Asia* bringt mich unschlagbar günstig nach Ranong. Von dort setze ich mit der Fähre über.

Am ersten Morgen auf der Insel schieße ich wie eine Cruise-Missile aus dem Bett. Das türkisfarbene Wasser erstreckt sich direkt vor meiner Hütte. Ich fliege gleichsam über den feuchten Sand, stürze mich in die Fluten und schwimme aufs offene Meer hinaus. Als ich mich in sicherer Entfernung zum Strand wähne, beginne ich schallend zu lachen. He, ihr Fische da unten! Aufwachen, Freunde! Was für ein herrlicher Tag!

Dieses grundlose Lachen ist natürlich eine reichlich durchgeknallte Angelegenheit, ich gebe es zu. Aber ich versuche es als Turnübung zu betrachten, so als eine Art Gute-Laune-Liegestütze. Und fünfhundert am Tag kriege ich bestimmt hin. Wär' doch gelacht.

* * *

Es ist knallheiß. Die Sonne steht im Zenit. Träge dümpeln die Langboote in der Dünung. In der Ferne schillern die Umrisse unbewohnter burmesischer Inseln. Nicht mehr lange, dann gibt es auch dort Bananenpfannkuchen und Milchshakes zu kaufen.

»Sag mal, bist du das, der da morgens rausschwimmt und wie blöde vor sich hin lacht?«, fragt Beato. Er wohnt in der Hütte neben meiner, hört mich permanent kichern. Vermutlich denkt er, ich wäre dauerbekifft.

»Ja, das bin ich. Ist es so laut?«

»Klar, was denkst du denn? Die Leute tuscheln schon über dich.«

Wir sitzen in Mr. Bigs Strandrestaurant. Der feiste Thai fläzt sich den ganzen Tag in seiner Hängematte. Vien, sein burmesischer Koch, wohnt mit seiner fünfköpfigen Familie in der Küche. Für das Geld, das er hier verdient, rühren Thailänder keinen Finger mehr. Für die burmesischen Saisonkräfte hingegen ist der kleine Grenzverkehr eine lohnende Einnahmequelle.

Gestern beim Abendessen hat Beato mir erzählt, er tingele seit einem Jahr durch die Weltgeschichte. Australien, Neuseeland, Südostasien. *Permanent vacation* nennt er das. Ferien für immer. Er kann es sich leisten. Er hat seine Baufirma im Tessin verkauft und ein hübsches Franken-Sümmchen in der Hinterhand. Burnout, die klassische Geschichte. Nun ist er auf der Suche nach etwas Neuem.

»Die Leute tuscheln? Ist ja lustig«, sage ich. Ein bisschen peinlich ist mir das Ganze schon. Der Preis der Glückseligkeit.

Ich erzähle Beato von meiner Begegnung mit der Lachgöttin in Bangkok. Als ich ihm erkläre, dass man sein Gehirn austricksen und sich mit guter Laune fluten könne, weil das Gehirn nicht erkenne, ob man mit oder ohne Grund lacht, mustert er mich, als hielte er mich für den größten Spinner diesseits des Kuipergürtels.

Hinter uns plätschern die Wellen an den Strand, und von irgendwoher dringen Gitarrenklänge zu uns herüber, als Beatos Blick sich plötzlich verändert.

Er runzelt die Stirn, als würde ihm irgendetwas durch den Kopf gehen.

Und dann sagt er: »Gib mir mal die Adresse von dieser Susan.«

MANN OHNE GESICHT

(Iquitos)

Blut und Wasser. Alle schwitzen. Ich auch. Wenn das noch lange so geht, muss ich kotzen.

Die zwanzigsitzige Propellermaschine wackelt wie sonst was. Nein, das verdammte Ding bebt, knirscht und ächzt, als wäre es aus *Sperrholz*. Würde mich nicht wundern, wenn es gleich auseinanderbräche. Allmählich kriege ich Schiss.

Die einzige Stewardess an Bord, eine giftig gefärbte Wasserstoffblondine mit verhärmten Mundwinkeln, hat sich auf dem Klappstuhl neben der Cockpittür angeschnallt. Blankes Entsetzen steht ihr ins Gesicht geschrieben. Die Tür steht offen. Ich sehe die Piloten hektisch herumhantieren.

Shit. Das ist ernst.

Mir fällt der erste Flug meines Lebens ein: 1967, Köln – Berlin. Ich war drei. Nachts war meine Mutter mit mir vor ihrem tobsüchtigen Mann geflohen, meinem Vater. Am nächsten Morgen ging die Flucht weiter, mit Pan Am nach Westberlin. Nach der Landung in Tempelhof wollte ich partout nicht aussteigen, heulte Rotz und Wasser. Die Stewardess lotste mich ins Cockpit. Erst nachdem der Kapitän mir erklärt hatte, wie der Steuerknüppel funktioniert und ich mich auf den Copilotensessel setzen durfte, war ich willens, meiner Mutter aus dem Flugzeug zu folgen. Das neue, vaterlose Berliner Leben begann. So viel zum ersten Flug meines Lebens.

Und dieser hier, im Sperrholzflieger über dem Amazonasdschungel, könnte mein letzter sein.

Die Regenmassen trommeln im Stakkato gegen den Rumpf der kleinen Maschine. Von den Propellern hört man nur ein dumpfes Knattern, vom Regenwald unter uns sieht man gar nichts mehr. Aber ich wollte es ja nicht anders. In Lima hätte ich auch einen Airbus besteigen können; das wäre teurer gewesen, aber einem Großraumflieger hätte das Unwetter nichts anhaben können. Tja, das alte Fazit: selbst schuld.

Wir gehen herunter, oder vielmehr sacken wir von einem Luftloch ins nächste. Inmitten der Sturzfluten kommen verschwommen ein paar Hütten in Sicht, Häuser. Sieht aus wie eine Stadt.

Die Maschine bockt wie ein zum zwölften Mal gerittener Rodeogaul. Touchdown. Der Aufprall reißt mich vom Sitz. Die Räder schlittern über die Piste, ein paarmal scheint die Maschine in die Rabatten abzuschmieren, doch dann ist es geschafft. Wir sind in Iquitos gelandet, Perus Außenposten im Dschungel, den man nur per Flugzeug oder Boot erreicht. Noch mal davongekommen. Noch mal geduckt vorm Sensenmann. Ich lache, und *so* bekloppt hat mich garantiert noch niemand lachen hören.

Als ich aussteige, klebt mir sofort das Hemd am Leib. Auch im Regen ist es drückend heiß. Die Luftfeuchtigkeit schnürt mir die Kehle ab. Es riecht nach Moos und Farnen, Agaven, Lianen, der schwere, modrige Geruch des Urwalds. Ich eile über das Rollfeld, das halb unter Wasser steht.

Als das Gepäckband meinen Rucksack ausgespuckt hat, fische ich mir ein trockenes T-Shirt heraus. An eine Regenjacke habe ich nicht gedacht.

Zunächst gilt es natürlich, eine Unterkunft zu finden. Ich buche nie im Voraus. Wo liegt der Reiz, wenn man von Anfang an weiß, welche Farbe der Klodeckel hat?

Blöd ist das Sprachproblem. In Peru spricht nämlich kaum jemand Englisch, wie ich aus meinen Tagen in Lima weiß. Und mein Spanisch beschränkt sich mehr oder minder auf die Zahlen Eins bis Zehn, ein paar Vokabeln und den Satz *Vamos a la playa*.

»Senior. Por favor. Hotel? Iquitos?«, spreche ich den Fahrer an, der unter dem Vordach des Flughafengebäudes auf Kunden wartet.

Durch das heruntergekurbelte Fenster seines Toyota Baujahr '71 blickt er zu mir auf. Ein unscheinbarer Mann, abgesehen davon, dass er ein braunes und ein blaues Auge hat.

»Si! Si!«, antwortet er und lässt einen spanischen Wortschwall folgen, von dem ich keine einzige Silbe verstehe. Er springt aus dem Wagen und verstaut meinen Rucksack im Kofferraum.

Ich setze mich auf die Rückbank, und los geht's. Hinter dem Airport biegen wir auf eine regennasse Straße ein. Die Scheibenwischer verrichten Schwerstarbeit. Links und rechts nichts als schmucklose Funktionsbauten, Sägewerke und Bretterbuden. Davor suhlen sich Straßenköter im Matsch, dahinter ragen ein paar einsame Baumriesen in den wolkenverhangenen Himmel. Holztransporter donnern vorüber.

Der Taxifahrer fragt mich etwas, blickt in den Rückspiegel. Ich meine, das Wort *estado* zu verstehen. Redet er vom örtlichen Fußballstadion? Dann geht mir auf, was er meint.

»Alemania«, antworte ich.

Er wendet sich zu mir um, hebt den Daumen, reißt die Augen auf und nickt. »Muy bien! Muy bien!« Dann folgt der nächste Wortschwall. Ich nicke zurück und versuche die richtigen Stellen abzupassen, an denen ich ein »Sí« einwerfen kann.

Nach zwanzigminütiger Fahrt halten wir im Zentrum von Iquitos vor einem zweistöckigen Haus. Es liegt in einer gottverlassenen Seitenstraße. Die abblätternde dunkelbraune Fassade hat schon bessere Tage gesehen. *Casa Carisma* steht auf dem Schild über dem Eingang. Der Besitzer hat anscheinend Humor.

Der Fahrer springt aus dem Wagen und verschwindet im Haus. Kurz darauf kehrt er zurück. Er wirkt zufrieden, bedeutet mir auszusteigen. Okay, hombre, kauf deiner Frau was Schönes von der Provision, die du gerade eingestrichen hast. Lächelnd verabschiede ich mich und schleppe meinen Rucksack in mein neues temporäres Zuhause.

Drinnen erwartet mich ein Pistolero. Na ja, fast. Patronengurt und Revolver fehlen. Aber der Rest stimmt: Cowboystiefel, Poncho, im Gesicht ein riesiger Schnauzbart mit hochgezwirbelten Enden, dunkler Blick. Ein Mestize, ein Nachfahre der Spanier, die sich mit den Indios vermischt haben.

»Hablas español?«, fragt der Mann mich zur Begrüßung. Gelangweilter kann man wohl kaum dreinblicken.

Ich schüttle den Kopf, hebe entschuldigend die Schultern.

»Inglés?«

»Sí.«

»Okay. Welcome in Casa Carisma! I am Freddy.«

»Joe.«

Ich reiche ihm die Hand. Sein Händedruck zerquetscht mir beinahe die Finger.

»You want room, Joe?«

Nein, eine Schüssel Haferflocken.

»Sí.«

»Passport?«

»Sí.« Ich fische meinen Reisepass aus der Tasche und halte ihn Freddy hin.

Er reißt ihn mir förmlich aus der Hand. »Follow me.« Er wendet sich um und führt mich über eine dunkle Holztreppe in den ersten Stock.

»Porch«, sagt Freddy und deutet auf die überdachte, mit drei Holzbänken und einem Tisch bestückte Veranda. Sie geht auf eine stille Gasse hinaus. Neben der Veranda öffnet er eine Tür. »Room.«

Das Zimmer ist klein und sauber. Einzelbett, Schrank, ein Stuhl am schmalen Schreibtisch. Freddy schaltet den Deckenventilator ein.

»Shower? Toilette?«, frage ich den Mestizen.

Er deutet den Gang hinunter.

»How much?«

Er nennt mir den Preis.

»You want Cerveza?«

Klar will ich. Kaltes Bier klingt super.

* * *

Nachdem ich geduscht habe, steige ich in eine trockene Leinenhose und begebe mich auf eine erste Erkundungstour durch die Innenstadt. Ich brauche eine Regenjacke, auch wenn es vorübergehend aufgehört hat zu schütten. Zwischen den dicken Wolken erkennt man sogar ein bisschen Himmelblau, auch die Sonne lässt sich sekundenweise blicken.

Die erste Entdeckung: Hier gibt es Tuk-Tuks! Dreirädrige Mopeds mit blauem Stoffdach über der Rückbank.

Auf den Gehsteigen sind kaum Leute unterwegs, dafür umso mehr streunende Hunde. Rings um die Plaza de Armas, den zentralen, von Palmen eingefassten Platz der Dschungelstadt, künden hübsch restaurierte Jugendstilfassaden vom Wohlstand, den einst der Kautschukboom brachte. Der gelb getünchte Kirchturm mit dem roten Spitzdach ist das höchste Gebäude weit und breit. Iquitos wurde Mitte des 18. Jahrhunderts von spanischen Jesuiten gegründet, als Verteidigungsbastion gegen widerspenstige Indios.

Am anderen Ende der Plaza erspähe ich ein Haus, das vollständig aus silbrig schimmerndem Metall zu bestehen scheint. *Casa De Fierro, 1889* verkündet die Plakette an der Fassade. *Eisenhaus*. Im ersten Stock gibt es ein Restaurant. Erst jetzt merke ich, dass ich einen Bärenhunger habe. Seit dem Frühstück in Lima und dem Plastikessen im Wackelflieger habe ich nichts mehr gegessen. Also ab nach oben.

In dem schummrigen Etablissement ist es rappelvoll, die Luft geschwängert vom Qualm der peruanischen Zigaretten, die hier jeder Mann zu rauchen scheint. Ich rauche gerade nicht, versuche mal wieder aufzuhören. Trotzdem liebe ich den Duft. Ich finde den einzigen freien Tisch im Raum, nehme Platz und warte auf die Bedienung. In der Zwischenzeit erfahre ich aus der Broschüre, die vor mir auf dem Tisch liegt, die Geschichte des Eisenhauses.

Es wurde von Gustave Eiffel entworfen – ja, genau dem. Eine belgische Eisenhütte namens *Les Forges D'Aiseau* stellte die metallenen Fassaden her, und bei der Pariser Weltausstellung von 1889 wurde das Haus dem staunenden Publikum präsentiert. Der Kautschukbaron Anselmo del Aguila war so begeistert, dass er das Haus kurzerhand kaufte, es auseinandernehmen ließ und nach Südamerika verschiffte. Dort angekommen, schleppten Hunderte von Indios die Einzelteile durch den Dschungel nach Iquitos, wo man es ein Jahr später wieder zusammenbaute.

Irre. Erinnert mich an einen gewissen Fitzcarrald. Der ließ hier irgendwo im Dschungel ein Schiff auseinandernehmen und über einen Berg schleppen. Irgendetwas muss hier in der Luft liegen, das die Leute auf wahnsinnige Ideen bringt.

Die Bedienung kommt an meinen Tisch. Ich bestelle ein Riesensteak mit Reis und Bohnen, dazu ein eisgekühltes Corona.

An der Avenida Grau, einer breiten Verkehrsstraße, entdecke ich ein Kaufhaus, marschiere hinein und zücke meine zitronengelbe, zigarettenschachtelgroße Lebensversicherung: den Langenscheidt. Die beiden entscheidenden Vokabeln lauten *lluvia* und – ups, für *Jacke* sind zwei Vokabeln genannt, *saco* und *chaqueta*. Was will ich mir zulegen, ein Regenjackett oder ein Regensakko?

In der Klamottenabteilung gehe ich auf die erstbeste Verkäuferin zu. Dann verschlägt es mir kurz die Sprache. Sie hat nämlich auch ein braunes und ein blaues Auge. Wegen meiner beschränkten Sprachkenntnisse verzichte ich aber darauf zu eruieren, ob sie womöglich die Schwester meines Taxifahrers ist.

»Por favor, señora. Tener un lluvia saco?«, frage ich stattdessen. Die Frau lacht und nickt und bedeutet mir, ihr zu folgen.

* * *

Jetzt muss ich nur noch einen passenden Schamanen finden. Freddy, der die Casa Carisma vor Jahren von seinem verstorbenen Vater übernommen hat, weiß Rat. Als junger Mann lebte sein *padre* nämlich lange im Dschungel, und später bekam Klein-Freddy von ihm Gutenachtgeschichten über die Geistheiler zu hören. Will heißen: Freddy kennt sich aus.

Wir sitzen auf der Veranda. Draußen verströmt eine Straßenlaterne schummriges Licht. Es ist Abend, doch die Hitze des Tages hängt immer noch in der Luft.

Der Mestize erzählt mir von einem gewissen Hernandez Ploya, einem Meisterschamanen. Der sei siebenundneunzig Jahre alt und habe sein ganzes Leben im Dschungel verbracht. Niemand kenne die Pflanzen so gut wie er. Er führe nur selten Rituale mit Fremden durch.

»Many shamans make bad Ayahuasca«, erzählt Freddy mit rauer Stimme und macht dabei ein ziemlich abfälliges Gesicht. »Gringos don't know. You are very, very lucky, my friend.«

Als Freddy mir den Preis für den Dschungeltrip zum Meisterschamanen nennt, bin ich mir nicht mehr sicher, ob ich wirklich so lucky bin. Der Schamanentourismus rings um Iquitos ist ein florierendes Geschäft.

»Hast du selbst schon mal Ayahuasca genommen, Freddy?«, frage ich meinen Gastwirt.

Freddy schüttelt den Kopf. »I am not crazy.«

Von Gomera bis Goa, von Bali bis Boracay kursieren wundersame Berichte über die Dschungelmedizin der peruanischen Amazonas-Schamanen. Heilig sei sie, sie könne wahre Wunder vollbringen. Sie sei imstande, die Seele von allen Übeln zu reinigen; sie soll mystische Erfahrungen zeitigen, auf eine höhere Bewusstseinsebene führen können. Ist es möglich, dass Ayahuasca tatsächlich über die Grenze hinausführt, hinter der das Göttliche beginnt? Ein Express-Trip Richtung Nirwana sozusagen? Oder ist es doch nur ein Hype, der Gringos wie mich in den Dschungel lockt? Ich brenne darauf, es herauszufinden.

* * *

Es ist der zweite Tag auf einem namenlosen Nebenarm des Rio Nanay. Moskitoschwärme umschwirren uns. Die Nacht haben wir im Zelt verbracht. Im Kanu geht es jetzt immer tiefer hinein in den Dschungel. Stunde um Stunde gleiten wir durchs milchkaffeebraune Wasser. Ständig verengt sich der Lauf, überhängende Lianen bilden Tunnel, wir fahren mit eingezogenen Köpfen hindurch.

Die Malaria-Pillen stecken im Rucksack. Soll ich sie einnehmen? Bisher habe ich den Mist nie geschluckt. Die Liste der Nebenwirkungen ist ellenlang, eine Malaria-Infektion scheint beinahe das kleinere Übel. Andererseits … Die nächste Moskitowolke kommt herangerauscht, schwirrt einmal um uns herum und rauscht weiter. Im nächsten Moment tanzen bierdeckelgroße Schmetterlinge vor meinem Gesicht. Sie scheinen sich über meine Sorge zu amüsieren. Auch das Kreischen der unsichtbaren Affen in den Bäumen klingt wie Gelächter über das Greenhorn, das zum ersten Mal in diesem entlegenen Weltenwinkel unterwegs ist.

Wir, das sind Alberto Pinto, ein langjähriger Schüler des Meisterschamanen, zu dem wir unterwegs sind, Pintos Helfer Tido, und zwei weitere Europäer, Gennarino aus dem italienischen Montesano Salentino, und Claire, eine pummelige Engländerin Anfang fünfzig. Freddy hat alles arrangiert. Von Iquitos aus geht es fünf Stunden im Jeep über buckelige Dschungelpisten; am Rio Nanay treffen wir dann Alberto und Tido und wechseln ins Langboot.

Gennarino, ein kettenbehangener Hippie mit schmalen Schultern und langen, krausen Locken, verkauft auf Festivals in ganz Europa indischen Schmuck, den er vorher in Goa besorgt. Er ist zum dritten oder vierten Mal in Peru, so genau wisse er es nicht mehr. Peru nennt er das Indien Südamerikas. Dort der Himalaya, hier die Anden, so Gennarinos These. Dort die Briten, hier Spanier. Sadhus – Schamanen. In Indien wird gekifft, in Peru schluckt man Ayahuasca. Gennarino benötigt einen Ayahuasca-Reload, um seine schamanische Selbsttherapie voranzubringen. Hört, hört.

Das ist es also, was Indienfahrer in ihrer Freizeit treiben.

Wenn Gennarino ein sprudelnder Wasserfall ist, dann ist Claire eine Sphinx, eine Sphinx, deren verkniffenes Gesicht von einer mausgrauen Achtziger-Jahre-Dauerwelle umrahmt wird. Sie spricht nicht. Nur bei der Begrüßung in Iquitos hauchte sie uns ein paar Worte zu.

Wir machen einen Zwischenstopp. Alberto und Tido wollen Wurzelwerk sammeln. Ayahuasca-Zutaten. Ihre Macheten schwingend, verschwinden sie für einige Zeit im Dschungel. Hauptbestandteile seien die Liane *Banisteriopsis caapi* und der Strauch *Psychotria viridis,* erklärt mir Gennarino, hinzu kämen weitere pflanzliche Beigaben, die der Schamane je nach Bedarf hinzugebe. Der Italiener kennt sich aus.

Die beiden Peruaner kehren mit einem Beutel voller Pflanzenteile zurück. Auf dem Fluss geht es weiter, bis die Sonne hinter den Baumkronen verschwindet. Im Halbdunkel erreichen wir das Schamanen-Camp. Zeug ausladen, mitgebrachte Lebensmittel, Wasser. Unsere Sachen. Über den fast unsichtbaren Trampelpfad geht es zu den Hütten; aufgestelzt stehen sie im Halbkreis um eine größere, ebenerdige Rundhütte. Drum herum Dschungel. Uns umschließt eine grüne Wand. Von Hernandez Ploya, dem mysteriösen Meisterschamamen, keine Spur.

»Mañana«, sagt Alberto. In meiner Hütte gibt es ein Moskitonetz, eine Matratze, ein Klo und eine Kerosinlampe. Gebadet wird im Fluss. Ich stelle meine Sachen ab. Draußen setze ich mich zu Gennarino. Gemeinsam lauschen wir den lärmenden Waldbewohnern. Sobald das letzte Tageslicht verglüht ist, legen sie los. Kreischen, Zirpen, Quaken, Tröten, Brüllen, Zischen. Volle Lautstärke im Surround-Sound. Dazu die Dauerhitze. Die Luft umgibt mich wie ein feuchtes Tuch.

Über dem Feuer brutzelt Tido uns aufgespießte Piranhas, dazu gibt es Maniok und Bohnen. Zuerst ist mir ein wenig mulmig bei der Vorstellung, in den Killerfisch zu beißen. Aber lieber so als andersherum. Und siehe da, das zarte weiße Fleisch schmeckt köstlich.

Nach dem Essen stimmen Alberto und Tido ihre Geisterlieder an, bitten die höheren Mächte um Beistand. Denn jetzt beginnt die eigentliche Arbeit der beiden Männer: Sie fangen an, die Ayahuasca-Zutaten zu kochen. In regelmäßigen Abständen landen immer neue Pflanzenteile im Feuerkessel. Der archaische Singsang, der ihre Arbeit begleitet, lullt mich ein. Claire erhebt sich und verschwindet grußlos in ihre Hütte.

Schulterzuckend sehen Gennarino und ich uns an. »Strange

woman«, sagt er im singenden Englisch der Italiener. Tja. Wo er recht hat, hat er recht.

* * *

Als ich am nächsten Morgen beim Frühstück vor der Rundhütte einen Löffel Bananenbrei zum Mund führe, bemerke ich aus den Augenwinkeln, wie sich im Dschungel etwas bewegt. Jemand bahnt sich seinen Weg durchs Dickicht. Ein Waldmensch.

»Hernandez Ploya«, flüstert Gennarino mir zu. Er kennt ihn von seinem letzten Peru-Trip. Alberto springt auf und eilt dem Chef-Schamanen entgegen.

Der Mann, den er zu uns führt, ist winzig. Ein schmales, zerbrechlich wirkendes Kerlchen. Er trägt einen Lendenschurz, sonst nur nackte, schrumpelige Lederhaut. Sein Gesicht scheint aus dunkelbraunem Pergament zu bestehen, übersät von Myriaden fein verästelter Fältchen. Am auffälligsten aber sind seine Augen. Wie Portale in die Vorzeit wirken sie. Bodenlos. Dunkel. Hypnotisch. Gebannt starre ich den Mann an. Er könnte auch zu einer anderen Menschengattung gehören. Vielleicht stammt er ja aus dem Pleistozän. Einen älteren Menschen als ihn habe ich jedenfalls noch nie gesehen. Freddy sagte, er sei siebenundneunzig. Ich hätte eher auf hundertsiebenundneunzig getippt.

Nach dem Frühstück finden in der Rundhütte die Vorgespräche statt, eine Art Anamnese, damit der Chef-Schamane die Ayahuasca-Gabe auf unsere persönlichen Bedürfnisse abstimmen kann. Ploya mustert mich aus seinen Steinzeitaugen und sagt etwas im lokalen Indio-Sprech. Alberto übersetzt ins

Spanische. Gennarino, der super Spanisch kann, übersetzt für mich ins Englische.

»Warum willst du den heiligen Trunk zu dir nehmen, Joannis?«, lautet die Frage, auf die alles hinausläuft. »Was sind deine Beweggründe?«

Das habe ich mich natürlich auch schon gefragt. Mit Drogen habe ich nämlich eigentlich nichts am Hut. Die meisten der gängigen Substanzen habe ich irgendwann ausprobiert. Meine Erkenntnis: Die beste Droge ist der klare Kopf.

Mein Blick springt zwischen Ploya und Gennarino hin und her, während ich sage: »Ich war oft in Indien, meditiere und mache Yoga und Atemübungen. Dennoch gibt es Dinge in mir, die mich daran hindern, vollständig in den Fluss meines Lebens einzutauchen. Im Moment zu leben, den *flow* zu spüren. Vielleicht kann das Ayahuasca mir helfen, diese Faktoren aufzulösen.«

Jetzt laufen die Übersetzungen in die umgekehrte Richtung. Der Alte mustert mich mit seinem vorzeitlichen Blick, bedeutet mir weiterzureden. Soll heißen: Er möchte wissen, von welchen *Dingen* ich spreche.

»Na ja, ich denke zu viel nach, ich rege mich zu schnell auf. Bin zu ungeduldig. Manchmal fehlt mir einfach ein Schuss Leichtigkeit. Und neuerdings befällt mich die Angst vor dem Sterben. Ich werde ja nicht jünger. Außerdem frage ich mich, welchen Sinn das Leben überhaupt hat. Können Sie mir das vielleicht verraten, Señor Ploya?«

Der alte Mann wartet Albertos Übersetzung ab, dann schaut er mich eine ganze Weile todernst an. Bestimmt eine Minute lang.

Und dann explodiert er plötzlich. Sein bebendes Lachen

flutet durch den Raum. Die Wände wackeln. Ploya kriegt sich nicht mehr ein. Es scheint, als würde der Zeitreisende aus dem Pleistozän mich schallend auslachen.

* * *

Abends um neun ist es so weit. Das Ritual kann beginnen. Das Ayahuasca köchelt seit gut vierundzwanzig Stunden vor sich hin. Vor der Rundhütte schöpft Alberto einen Liter davon in eine breithalsige Flasche. Dann gehen wir hinein. Der Raum leuchtet im Kerzenschein. Am Boden liegen drei Matratzen. Von Tido erhält jeder eine Plastikschüssel, dazu eine Rolle Klopapier zum Mundabputzen. Zwar durften wir seit Mittag nichts mehr essen, dennoch ist zu erwarten, dass wir uns übergeben werden.

Tagsüber am Fluss konnte ich meine wachsende Unruhe noch verdrängen; nun befällt sie mich umso stärker. Immerhin bin ich im Begriff, eine kaum erforschte Droge zu nehmen, eine Droge, die den Dschungelvölkern seit Jahrtausenden als psychedelisches Heilmittel dient. Der heilige Gral des Schamanismus. Zwar weiß man um den Hauptwirkstoff DMT, der als LSD-ähnliches Haluzinogen in vielen westlichen Ländern verboten ist. Doch die wahre Ayahuasca-Erfahrung entfaltet sich erst im Zusammenspiel mit den anderen Zutaten. Über die weiß man herzlich wenig.

Ich lasse mich auf einer der Matratzen nieder. Claire setzt sich neben mich. Sie starrt ins Leere, als wäre sie gar nicht anwesend. Niemand weiß, was mit der Engländerin los ist. Gennarino grinst, frohgemut wie immer.

Der alte Schamane hockt auf einem Stuhl und zündet seine

mapacho an, eine mit Dschungeltabak gefüllte große Zigarre. Der Rauch soll böse Geister vertreiben.

»Relax, Amigo«, flüstert Gennarino mir zu.

»Okay, Mann«, flüstere ich zurück. Alberto reicht dem Chef die Flasche mit dem Ayahuasca. Der alte Mann bläst den *mapacho*-Rauch hinein und murmelt etwas. Dann stößt er unvermittelt einen Urschrei aus.

Alberto reicht uns dreien Plastikbecher und gießt das Ayahuasca hinein, dazu gibt er halb zerriebene Pflanzenbrösel. Jeder erhält eine andere Mischung.

Das Ayahuasca hat die Konsistenz grobkörnigen braunen Schlamms. Als ich den Becher ansetze, steigt mir ein beißender Geruch in die Nase. Ich übergebe mich fast jetzt schon. Das Zeug stinkt wie ein Mix aus Fußkäse, ranziger Butter und verdorbenem Pflaumensaft. *Das* soll ich trinken? *Dafür* bin ich nach Peru gereist? Um mir dieses Gebräu hinter die Binde zu kippen? Einen Moment lang überlege ich, ob ich aufstehen und stante pede nach Bombay fliegen soll.

Nein. Ich muss jetzt stark sein.

Ich stürze den Drink in zwei großen Schlucken hinunter. Claire genauso. Gennarino lässt sich mehr Zeit, er süffelt das Ayahuasca, als würde er gerade einen besonders edlen Bardolo verkosten.

Als der Italiener fertig ist, pustet Alberto die Kerzen aus. Ich sinke mit pochendem Herzen auf die Matratze zurück. Alberto und Ploya, zwei körperlose Stimmen, beginnen Rasseln zu schwingen und ihre Geisterlieder zu singen.

Unbekannte Wörter erfüllen die Finsternis.

Sonst passiert nichts. Eine halbe Stunde verstreicht. Ich liege einfach nur da und beginne mich zu fragen, ob ich womöglich immun bin gegen Ayahuasca. Doch plötzlich spüre ich, wie aus der Ferne etwas herangerauscht kommt. Ein warmer Wind streicht mir über die Haut.

Dann ist es da.

Ein grünes Schimmern hinter meinen Lidern. Es wird intensiver, heller, beginnt zu pulsieren. Ich schlage die Augen auf und …

Wow.

Vor mir, in gleißendem grünen Licht, schweben sonderbare geometrische Sphären. Ich sehe Urformen, die sich fortwährend verändern. Kristalle. Klumpen aus blinkender Materie. Es ist ein überwältigendes Schauspiel, ein Spektakel aus zerfließenden Formen und Farben, das sich da vor meinen staunenden Augen entspinnt.

Mein Blick schießt durch das Blätterdach zum Nachthimmel und taucht ins Sternenmeer. Jetzt bin ich eine Sonne, bestehe aus schillerndem Sternenstaub. Ich blicke hinab auf den Amazonasdschungel. Auf multidimensionalen Bahnen fließen endlose, grün blinkende Molekülketten durch den nächtlichen Regenwald. Alles pulsiert, ist fortwährend in Bewegung.

»Du siehst jetzt mit dem dritten Auge«, flüstert mir der alte Schamane in seiner Sprache ins Ohr. Er hockt mit seiner Rassel neben mir. Dass ich ihn verstehe, erscheint mir völlig normal.

Dann erlischt das Spektakel, ist wie auf Knopfdruck verschwunden, als hätte es nie existiert. Stattdessen bin ich plötzlich von tiefer Schwärze umgeben. Sie rückt von allen Seiten heran, treibt mich in die Enge. Gleich wird sie mich zermalmen. In irgendeinem Winkel meines Gehirns verbirgt sich die Erinnerung, dass ich in der Rundhütte liege und mir nichts passieren kann. Doch ich kann die Erinnerung nicht finden. Ich rolle mich ängstlich zusammen, und schlagartig rauscht eine Armada von Schreckensfiguren an mir vorbei. Was ist denn hier los?, schießt es mir, nur halb bewusst, durch den Kopf. Eigentlich sehen sie ja beinahe lustig aus. Doch die fauchenden Dämonenfratzen, die vielköpfigen Schlangen und schwarzen Monster wirken krass real. Mein Denken entgleist. Mein Herz rast, ich spüre, wie mir der kalte Schweiß ausbricht.

Dann höre ich abermals die Stimme des Schamanen. »Ich bin bei dir. Ich sehe alles, was du siehst.«

»Wirklich?«

Bin ich das, der da bibbert wie ein kleiner Junge, hinter dem die Kellertür zugefallen ist?

»Ja. Die Dämonen sind Manifestationen deiner Ängste. Lass dich nicht von ihnen beeindrucken«, sagt er. »Schüttle sie ab.«

Mit einem Mal fliege ich durch einen schwarzen Tunnel. In irrwitzigem Tempo geht es abwärts. Wieder versucht ein Heer von Horrorgestalten, sich an mir festzukrallen. Langsam wird es mir zu viel. Was ich sehe, ist zu real für eine Halluzination! Es reicht!

Dann ist das Ende des Tunnels erreicht. Tiefer hinab geht nicht.

Dröhnende, allumfassende Stille umfängt mich. Da ist jemand. Ein wallender schwarzer Umhang. Aber kein Gesicht. Der Unbekannte packt meine Handgelenke, bohrt mir seine Krallen in die Haut. Ich schreie auf, versuche mich loszureißen, werfe mich hin und her. Währenddessen sehe ich wie durch einen Schleier Ploya und Alberto über mir stehen. Sie schwenken ihre Rasseln, singen weiter ihre Geisterlieder. Ihre Stimmen beruhigen mich ein wenig. *Ich habe keine Angst,* sage ich mir. *Ich habe keine Angst.* Doch ich weiß, dass ich den Kampf gegen den Unbekannten nicht lange durchhalten kann, ich spüre bereits, wie meine Kräfte schwinden. Aber dann, nach endlosem Ringen, lässt der Mann ohne Gesicht plötzlich von mir ab. Er löst sich vor meinen Augen auf.

Hastig lange ich nach der Plastikschüssel und erbreche mich. Und zwar minutenlang. Mein Magen würgt alles nach oben, was raus muss. Obwohl ich seit Mittag nichts gegessen habe, schießt mir ein schier endloser Schwall aus dem Mund. Währenddessen rase ich aus dem Dunkel nach oben, hin zu einem gleißenden Licht. Mit einem Mal bin ich federleicht, schwebe auf einem bunten Wolkenmeer, tief entspannt wie nach einer Runde Power-Atmen, und spüre, wie die Ayahuasca-Vision allmählich verblasst.

Ich öffne die Augen.

»Bienvenido«, sagt Alberto.

Es ist, als hätte man mich in einzelne Atome zerlegt und anschließend neu zusammengesetzt. Als ich mich vorsichtig aufsetze, knirschen meine Knochen, jeder Muskel zieht und zwickt.

Mit meiner Taschenlampe nehme ich den Inhalt der Plastikschüssel in Augenschein: dunkle Klümpchen in gelblichem Schaum. Für Schamanen ist das, was man während einer Zeremonie erbricht, die materielle Manifestation der toxischen Energien, die der Körper ausgeschieden hat. Je mehr, desto besser. Wenn ich mir die Menge in meiner Schüssel anschaue, kann ich wohl zufrieden sein.

Ich schwenke den Lichtstrahl durch den Raum. Gennarino ist verschwunden. Claire liegt wimmernd auf ihrer Matratze. Der alte Ploya hockt neben ihr und singt ihr leise etwas vor.

»Cuánto tempo?«, flüstere ich Alberto heiser zu.

»Cinco horas«, antwortet er.

Fünf Stunden dauerte der Trip? Mir kam es eher vor wie fünf *Minuten.*

* * *

Als ich spät am nächsten Vormittag in meiner Hütte erwache, fühle ich mich wie nach einem K.-o.-Schlag. Nur gedämpft dringen die Geräusche des Dschungels an meine Ohren. Ich kann mich kaum rühren. Wozu auch? Neben mir steht meine Wasserflasche. Das genügt. Ich bleibe liegen und gebe mich der Erschöpfung hin.

Irgendwann am Nachmittag fühle ich mich kräftig genug, um endlich einen Schritt vor die Hütte zu setzen.

Das Grün des Dschungels springt mich an wie ein Raubtier. Alles wirkt überscharf. Die Rinde an den Bäumen, die Konturen der Äste, die fein verästelten Furchen auf den Blättern, die Textur der bunten Blüten. Ich erkenne die feinsten Details. Alles besitzt eine zusätzliche Tiefe, als stünde ich inmitten eines hochauflösenden Hologramms.

»Schönen Tag noch, gelber Bruder«, sage ich, als ich eine lange, armdicke Schlange bemerke, die sich über den hart getretenen Erdboden windet und im Unterholz verschwindet. Unter normalen Umständen würde ich mit Sicherheit kreischend davonrennen.

Beschwingt gehe ich zu Tido hinüber. Er drückt mir eine

Schale Bananenbrei in die Hand. Während ich esse, spüre ich, wie angenehm der Brei auf der Zunge zerläuft. Meine Geschmacksknospen führen einen Freudentanz auf. Und nicht nur die. Mein gesamtes Sein jauchzt förmlich vor Vergnügen. Es lässt sich nicht leugnen, ich fühle mich großartig. Ist *das* womöglich der Sinn des Lebens? Bananenbrei? War es das, was der alte Schamane mir mit seinem Lachen sagen wollte?

An der Badestelle steige ich in den Fluss. Seine seidige Berührung ist wie ein Streicheln auf der Haut. Ich tauche unter. Als ich wieder auftauche, steht Gennarino am Ufer. Mein italienischer Freund sieht reichlich derangiert aus.

»Ciao, bello«, rufe ich ihm zu.

»Ciao«, krächzt er.

Ich steige aus dem Wasser. »Alles klar? Wie war's bei dir?«, frage ich ihn, während ich mich abtrockne und in meine Klamotten steige.

»*Intenso. Estremo intenso.* Ich habe meine früheren Leben gesehen. Nein, nicht meine früheren, meine *anderen* Leben. Dinge wie Gestern, Heute und Morgen gibt es nicht, amigo. Alles geschieht *jetzt*.«

Wir hocken uns auf einen umgestürzten Baumstamm. Gennarino erzählt. Bei einigen seiner Inkarnationen, die er während seines Ayahuasca-Erlebnisses gesehen hat, konnte er anhand der Kleidung die historische Periode in etwa abschätzen. Einmal sei er ein stolzer persischer Krieger gewesen. Dann ein Afrikaner aus prähistorischer Zeit. Eine Rennaissance-Frau, dann ein Mann in einer fernen Zukunft. Er habe insgesamt zwanzig seiner Leben gesehen.

Da kann ich nicht mithalten.

Beipflichtend nicke ich dem Italiener zu, als hätte er mir

von einem Wochenendausflug in die Emilia Romagna erzählt. »Und wie war es bei dir?«, fragt er.

Ich schildere ihm mein Erlebnis und erkläre, wie gut ich mich gerade fühle:»Hält dieses Gefühl denn an?«, frage ich schließlich.

Gennarino schüttelt den Kopf, seine Locken pendeln hin und her. »Die erste Ayahuasca-Erfahrung ist wie ein kleiner Tod. Wenn man aus ihr erwacht, hat der Geist sich verändert. Er hat die Wirklichkeit gesehen. Diese Veränderung bleibt. Die Schärfung der Sinne, die jetzt noch nachwirkt, verblasst allmählich wieder.«

»Entschuldigt, Jungs, darf ich mich zu euch setzen?«. Ich kippe fast vom Baumstamm. Es ist Claire, die da auf uns zukommt. Die Sphinx redet mit uns!

»Na klar«, erwidert Gennarino.

Auch Claire sieht ziemlich mitgenommen aus. Ihr Haar steht in alle Richtungen ab, ihre Gesichtszüge sind verquollen. Doch da ist etwas, was ich zum ersten Mal bei ihr bemerke. Claires Blick ist fest. Sie sieht uns in die Augen. Wir rücken beiseite, sodass sie zwischen uns Platz nehmen kann.

»Ich möchte mich bei euch beiden entschuldigen«, beginnt sie. »Es war nicht Ordnung, euch tagelang anzuschweigen. Es tut mir leid, wirklich leid. Das war unhöflich und egoistisch von mir.«

»Ach was, halb so schlimm«, sagt Gennarino. »Jeder so, wie er es braucht.«

»Ich bin aus zweierlei Gründen nach Peru gekommen«, sagt Claire mit belegter Stimme. Sie hat einen Kloß im Hals, räuspert sich. »Vor zwei Jahren ist mein siebzehnjähriger Sohn David bei einem Motorradunfall ums Leben gekommen. Er war auf der Stelle tot. Und seitdem war ich auch tot, gefangen in einem lebendigen Körper.«

Schweigend hören wir Claire zu. Wir erfahren, dass sie in Peru ein bestimmtes Medikament kaufen wollte, ein Zeug namens Nembutal. Es sei das Mittel, erzählt sie, das in der Schweiz bei der Sterbehilfe eingesetzt werde. In Peru erhalte man es in jeder Apotheke – als Mittel zum Einschläfern von Pferden.

Jetzt wird mir einiges klar. Ich schlucke. Claire wollte sich umbringen.

»Aber erst wollte ich meinen Entschluss auf den Prüfstand stellen«, sagt sie. Ihre Augen schimmern feucht. »Ich wollte einen Schamanen aufsuchen und herausfinden, ob es richtig ist, meinem Kind schon jetzt auf die andere Seite zu folgen.«

»Hast du eine Antwort gefunden?«, frage ich leise.

Zum ersten Mal überhaupt sehe ich Claire lächeln. Und noch erstaunlicher ist, wie schön ein Lächeln machen kann. Sie nickt. »Gestern nacht bin ich David begegnet. Es geht ihm gut. Er möchte, dass ich mein Leben weiterlebe, dass ich ihn loslasse. Er wartet auf mich. Dort, wo er jetzt ist, spielt Zeit keine Rolle. Bei uns schon. Das Leben ist kostbar.«

Sie steht auf und strahlt uns an. Tränen strömen über ihre Wangen. O Mann. Was für eine Geschichte. Selbst Gennarino hat es die Sprache verschlagen.

* * *

Bei meiner Rückkehr einige Tage später gibt es ein großes Hallo in der Casa Carisma. Freddy und seine Frau Cristina, der ich zum ersten Mal begegne, schließen mich in die Arme. Mit einer ausgiebigen Dusche spüle ich mir den staubigen Schweiß der letzten Tage vom Leib, dann setze mich draußen auf die Veranda. Freddy hat mir ein Cristal hingestellt. Eine feine Eisschicht überzieht die Bierflasche. Schweigend blickt Freddy in den Abend hinaus. Ich überlege, ob ich mir eine Zigarette von ihm schnorren soll.

»Freddy ...?«, sage ich.

»Si?«

»Ach, schon gut.«

Als draußen im Dschungel die zweite Ayahuasca-Zeremonie anstand, erklärte ich Alberto, dass ich nicht mitmachen würde. Ich fühlte mich zu gut, ich wollte meinen Geist nicht ein weiteres Mal umstülpen. »Wenn der Pflanzengeist dir das sagt, dann solltest du auf ihn hören«, gab Alberto zurück. Ploya musterte mich mit seinem Spezialblick. Unter Ayahuasca-Einfluss hatte ich ihn mühelos verstanden, aber was er nun sagte, mussten Alberto und Gennarino wieder für mich übersetzen.

»Du hast gute Arbeit geleistet«, verkündete der Italiener Ployas Verdikt. Ich nickte dem Schamanen zu.

Nach der zweiten Ayahuasca-Runde benötigten Claire und Gennarino einen weiteren Erholungstag, während der Steinzeitmann wieder im Dschungel verschwand. Zum Abschied wünschte ich ihm, dass er weitere hundert Jahre leben möge. Dann ging es per Boot und Jeep zurück in die Zivilisation. Gennarino fuhr direkt weiter zum Flughafen.

Jetzt sitzt er wohl gerade im Flieger nach Chile. Claire ist noch in der Stadt, sie wohnt im Eldorado Plaza. Morgen reist auch sie ab. Ich habe beschlossen, noch ein paar Tage zu bleiben. Später wollen wir uns im Eisenhaus zum Abendessen treffen.

Ich muss schwer an mich halten, als Freddy sich eine Zigarette ansteckt. Augenblicklich erfüllt ein Wohlgeruch die Nacht. Ich versuche stark zu bleiben.

»I'm not 'ere tomorrow, Joe«, sagt er. »The President is coming to Iquitos, you know?«

Ich nehme kaum wahr, was er sagt, tief in meinen Gedanken versunken.

»What eez up, Joe«, sagt Freddy. »Are you tired?«

Ich nehme einen Schluck vom Cristal. Mir geht Claires persönliche Wiederauferstehung nicht aus dem Kopf, ihre Rückkehr aus dem Land der Scheintoten. Ihr strahlendes Lächeln, das ich wohl nie vergessen werde. »Yup, I am. It was a long day. Gimme a cigarette, please.«

Freddy wirft mir die Packung zu.

* * *

Es sind bestimmt fünftausend Menschen, die sich am nächsten Tag auf der Plaza de Armas drängeln. Indios aus den umliegenden Dschungeldörfern, bunt gekleidete Mestizen, Grundbesitzer, Holzbarone, Mütter mit Kindern, Männer ohne Kinder. Arm und reich Schulter an Schulter. Alle wollen hören, was Präsident Toledo ihnen zu sagen hat. Er kämpft um seine Wiederwahl. Freddy favorisiert den Gegenkandidaten, einen gewissen Garcia, der sei früher schon mal Präsident gewesen, allen wäre es besser gegangen, als er noch am Ruder war.

Auch in den Gassen ringsum wimmelt es von Menschen. Ich lasse mich treiben, drifte mal hier, mal dort entlang – bis ich mich unversehens vor einer *farmacia* wiederfinde, einer Apotheke.

116

Kann es wirklich so einfach sein, wie Claire sagte? Kann man dieses Sterbemittel, Nembutal, so einfach kaufen wie Kopfschmerztabletten?

Zwei lange Minuten später betrete ich die kleine Apotheke und packe mein höflichstes Langenscheidt-Spanisch aus. »Buenas tardes! Quiero un paquete de Nembutal, por favor.« Ich bin gespannt, was jetzt passiert.

Das Gesicht der Apothekerin wirkt ein wenig verhärmt; über der Oberlippe prangt unübersehbar einen Damenbart. Aber sie hört mir aufmerksam zu, nickt freundlich und verschwindet anschließend im Hinterraum. Was sie wohl denkt? Hält die Gute mich für einen Selbstmörder? Oder glaubt sie tatsächlich, dass ich das Medikament für meinen altersschwachen Gaul brauche?

Kurz darauf kehrt sie zurück. An ihrer Miene lässt sich nicht erkennen, was ihr durch den Kopf geht. Sie reicht mir ein braunes Schraubfläschchen.

Unglaublich. Das war ein Kinderspiel. Aber es *ist* kein Kinderspiel. Der sanfte Tod sieht unverfänglich aus. Ein feines helles Pulver. Auf dem Etikett steht *Pentobarbital-Natrium/15 gramos*. Keine Herstellerangabe.

Ich schlage schnell im Langenscheidt nach. »Lo compran mucha gente?« Kaufen das viele Leute?

Die Frau zögert ein wenig. »Sí … gringos y europeos.«

Perus Souvenir für die Lebensmüden und Todgeweihten. Sollte man so etwas im Badezimmerschrank stehen haben? Ich meine, rein prophylaktisch? Neben Nasentropfen und Aspirin? Für die finale Notlage? Eine schauderhafte Vorstellung, finde ich. Und so gebe ich der Frau das Fläschchen zurück. »Muchas gracias«, verabschiede ich mich.

Dann aber halte ich inne, drehe mich wieder um und deute auf das Fläschchen, das die Apothekerin noch in der Hand hält. »Cuánto cuesta?«

Sie nennt mir den Preis. Angebot und Nachfrage machen Bekanntschaft. Kurz darauf verrichten wir den Austausch von Barem und Naturalien.

Und während ich mich draußen wieder unter das Wahlvolk mische, kommt mir Freddys Frage von gestern Abend in den Sinn.

Are you tired, Joe?

Ein Lächeln hebt meine Mundwinkel.

Ja, Freddy, ich bin immer noch ein bisschen müde. Aber lebensmüde bin ich noch nie gewesen.

KAYAKALPA

(Kumta)

Die Fischer springen aus ihren *dinghys* in die heranrollenden Wellen und beginnen, die kleinen Holzboote an den Strand zu ziehen. Ich eile hinüber, um mitzuhelfen. Eigentlich soll ich mich ja schonen. Aber zum Nichtstun verdonnert zu sein nervt. Das bisschen Frühsport wird mir nicht schaden. Als alle Dinghys sicher im feuchten Sand stehen, machen wir uns daran, den Fang aus den Netzen zu pulen. Viel ist es nicht, was die Männer aus dem Arabischen Meer geholt haben. Die Krähen, die über unseren Köpfen kreisen, stoßen herab, um ihren Anteil an der Beute klarzumachen.

Einer der Fischer, wie die anderen mit nacktem Oberkörper, ein Lungi um die Hüfte geschlungen, zieht mich beiseite und winkt eine abseits stehende Gestalt heran. Sie kommt herübergestapft und bleibt vor uns stehen. »Sister«, bellt der Fischer.

Die junge Frau, eigentlich noch ein Mädchen, ist vielleicht sechzehn oder siebzehn. Sie lächelt verlegen. Ihr türkisfarbener Sari hat schon bessere Tage gesehen. Ihre Zähne bedürfen dringender Reparaturarbeiten, und von der viel besungenen Schönheit indischer Frauen hat die Schwester des Fischers eher nicht so viel abbekommen. Ich lächle zurück. Die Sache ist offenkundig.

»Namasté«, säusle ich.

»Namasté«, flüstert sie zurück, den Blick gesenkt.

Jede weitere Kommunikation scheitert an der Sprachhürde. Ich spreche nämlich immer noch kein Hindi. Wir stehen nur blöd herum, während über unseren Köpfen die Krähen kreisen. Ich erkläre, dass ich zum Center zurück muss, und ziehe mich so wenigstens halbwegs elegant aus der Affäre. Was glaubte der gute Mann? Dass es Liebe auf den ersten Blick sein würde zwischen seiner Schwester und mir? Dass der schwerreiche Europäer ihn und seine Familie aus dem tristen Fischerdasein herausholen würde? Sorry, Baba, ich verstehe dich ja. Aber aus der Sache wird leider nichts. Ich bin doch selbst nur eine kleine Nummer.

Hinter dem Strand, umgeben von Palmen, Reisfeldern und Fischerhütten, liegt das *Ashwinidhama Ayurvedic Treatment Center.* Rundherum gibt es kein einziges Touristenrestaurant, keine eilig zusammengezimmerten Sperrholzhütten für junge Backpacker, keine Technopartys, keine amüsierhungrigen Israelis und Russen. All das gibt es oben in Goa. Hier unten gibt es nur die schmale, kaum befahrene Landstraße nach Kumta, das verschlafene Städtchen ganz in der Nähe, ein Dorf eigentlich. Noch ist diese Region im südindischen Bundesstaat Karnataka ein Hort des Friedens.

Als ich vom Strand zurückkehre, herrscht meditative Ruhe im Center. Niemand ist zu sehen. Die anderen sitzen hinten beim Frühstück, neben dem Flachbau, wo es die Massagen und Dampfbäder gibt. Hier vorn, in unmittelbarer Nähe zum kilometerlangen Sandstrand, steht das ockerfarbene Haupthaus, drum herum ein paar einfache einstöckige Steinhäuser zwischen Banyanbäumen. In einem der Häuser wohne ich, im oberen Zimmer, das über eine Außentreppe zu erreichen ist.

Auf einem der Wege zwischen den Bäumen kommt mir

Cécille entgegen, eine spröde Schönheit aus Frankreich. Sie humpelt sichtbar, zieht ein Bein nach. Der Wickelrock aus Baumwollflanell, den sie heute trägt, reicht ihr bis zu den Füßen. Gestern trug sie einen anderen, der war genauso lang. »Na, schön gefrühstückt?«, begrüße ich sie. Mir knurrt der Magen. Es ist der zweite Tag meiner Panchakarma-Kur, der ayurvedischen Körperentgiftung. Außer einem Becher mit flüssigem Butterschmalz – Ghee genannt – darf ich morgens nichts zu mir nehmen.

»Köstlisch«, lacht Cécille.

»Wie schön! Isch freu misch für disch!«

Etwas in Cécilles ebenmäßigen Gesichtszügen kündet davon, dass sie mehr als einmal die dunkle Seite des Lebens gesehen hat. Ihre ausdrucksstarken blauen Augen sind umgeben von feinsten Fältchen, ihre Mundpartie zeugt von einer gewissen Härte, ein Hauch von Grau schimmert in ihrer wallenden dunklen Mähne. Trotzdem, oder gerade deshalb, ist sie eine bemerkenswert schöne Frau.

»Oh, wir dürfen nischt so laut sprechen«, flüstert sie unvermittelt und deutet auf das strohgedeckte, weiß getünchte Haus, an dem wir gerade vorbeigehen. Die *kayakalpa kuti*. »Da ist jemand drin. Wir dürfen ihn nischt stören.«

Im Flüsterton entgegne ich: »Weißt du, wer?«

»Ein reicher Geschäftsmann aus Bombay«, antwortet Cécille. »Vor drei Wochen ist er mit seiner Frau in einem schicken Range Rover vorgefahren. Sie ist eine Nacht geblieben und dann wieder abgereist. Er zog in die Kuti.«

»Und wie lange bleibt er da drin?«, frage ich. Wir flüstern immer noch, obwohl wir bereits wieder ein gutes Stück von dem Haus entfernt sind.

»Achtundzwanzig Tage. Ende nächster Woche kommt er raus.«

Wir schlendern über den Weg aus festgetretener Erde, Cécille erzählt. Als wir kurz darauf ihr Häuschen erreichen, erklärt sie, sich ausruhen zu wollen. »See you later«, sagt sie und humpelt zur Tür.

Sie ist achtunddreißig und stammt aus Korsika. Vor Jahren hatte sie einen schlimmen Autounfall. Ihr rechtes Bein wurde zerquetscht. Nach unzähligen Operationen kann sie heute wieder ohne Hilfsmittel gehen, und jetzt hat sie nur noch einen einzigen Wunsch: ein Baby. Ihre Bio-Uhr tickt, die zwölfwöchige Fruchtbarkeitskur bei Dr. Kadle soll ihr helfen, Mutter zu werden. All das hat sie mir in den ersten zehn Minuten unserer Bekanntschaft erzählt. Außerdem weiß ich, dass sie mit einem Tauchlehrer liiert ist, in einem ausgebauten Baumhaus lebt und ihr Geld mit selbst gemachtem Schmuck verdient, den sie an den Touristen-Hotspots rund ums Mittelmeer verkauft.

»See you later, Cécille.«

Auf dem Rückweg komme ich wieder an dem ominösen Haus vorbei, der *kayakalpa kuti,* halb verborgen hinter zwei beeindruckenden Banyan-Feigen, deren dichtes Blätterdach wohltuenden Schatten spendet.

Kayakalpa, die Entgiftung des Geistes, sei der Königsweg der ayurvedischen Reinigungsverfahren, hat mir Cécille erklärt. Achtundzwanzig Tage in einem isolierten Zimmer, in das kein Sonnenstrahl gelangt. Kein Kontakt zur Außenwelt, keine Sinneseindrücke, die totale Rückführung in den Urzustand im Mutterschoß.

Ich starre auf den fensterlosen Bau. Wie es dem Mann darin

wohl geht? Sein dreifach ummauertes Zimmer liegt genau in der Mitte der Behausung. Die Einrichtung besteht aus einem Bett, einem Klo und einem Waschbecken. Mehr gibt es nicht, und schon gar keine Kerzen. Seit zweieinhalb Wochen lebt der Mann dort drin, allein mit seinen Gedanken in der Finsternis. Seine einzige Abwechslung sind die Mahlzeiten, die ein Helfer ihm bringt. Aber der darf nicht mit ihm sprechen.

Kopfschüttelnd gehe ich weiter und lasse mich in den Korbsessel sinken, der vor meinem Haus am Baum herabhängt. Ich mache es mir gemütlich. Vom Meer weht ein laues Lüftchen.

Bald werde ich Vater. Ich freue mich wie verrückt. Es ändert alles. Ich spüre es jetzt schon. Deshalb dieses Panchakarma in Kumta. Ich möchte mich fit machen für die größte Herausforderung meines Lebens, für meinen Sohn. (Bestimmt wird es ein Junge, ich weiß es.)

Und was die dazugehörige Lady betrifft: Mit der läuft es leider nicht besonders harmonisch, oder vielmehr, es läuft schlecht. Die Schwangerschaftshormone haben meine Freundin in ein zankwütiges Biest verwandelt. Und obschon ich die Gründe für ihr Verhalten kenne, will es mir einfach nicht gelingen, cool zu bleiben und ihre Anwandlungen schmunzelnd zu ignorieren. Alles, was ich in puncto Achtsamkeit und Gelassenheit gelernt zu haben glaubte, ist wie weggeblasen, sobald sie nur den Mund öffnet. Auch deshalb dieser Trip. Runterkommen. Reflektieren. Ich hoffe, meine Freundin tut in meiner Abwesenheit das Gleiche. Vielleicht schaffen wir es ja doch noch. Vielleicht kriegen wir die Kurve.

Ich wünsche es uns dreien.

* * *

Wir sitzen neben der Küche unterm schattigen Vordach. Endlich Mittagessen. Alle sind da, Cécille, Max aus Belgien, Gianni und Claudia aus Italien, zwei ältere Damen aus der Schweiz, Marcel, auch er Franzose, und noch einige andere Leute. Fast alle sind schon öfter hier gewesen, Ayurveda-Veteranen.

»Nur Geduld«, sagt Max, als ich über die Langeweile lamentiere. »Hinterher fliegst du.« Die anderen lachen.

In der Tat ist das Nichtstun die größte Schwierigkeit, die es an den ersten Panchakarma-Tagen zu überwinden gilt. Man soll sich nicht anstrengen. Joggen, Schwimmen, Yoga, lange Spaziergänge – all das kann ich vorerst vergessen, trotz des Traumstrands direkt vor der Tür. Buhu.

Zum Glück habe ich ein fantastisches Buch dabei, *Shantaram* von Gregory David Roberts. Nach dem Essen mache ich es mir wieder in meinem Korbsessel bequem und tauche in Lins Welt ein, in die Abenteuer eines jungen Australiers, der in Melbourne aus dem Gefängnis flieht, in Bombay untertaucht, sich mit der Bombayer Mafia einlässt und auf wundersame Weise zum Slum-Doktor mutiert. Wahnsinnsgeschichte. Angeblich autobiografisch. Die Kraft der Sprache schüchtert mich ein. Vielleicht sollte ich meine Schreibversuche abhaken und mich mit dem Übersetzen zufriedengeben. Aber wie soll mir das gelingen? Meine Buchidee lässt mich nicht los, und ich habe mir geschworen, sie alsbald in Angriff zu nehmen.

Irgendwann schaue ich auf und sehe zu, wie der orangefarbene Ball am Horizont langsam im Ozean versinkt.

* * *

Ein Klopfen an der Tür. Es ist Schlag sieben.

»Coming«, rufe ich. Als ich aufmache, steht in einem Lichtkranz aus goldenem Sonnenschein die zarte Rajani vor mir. Der Ayurveda-Engel strahlt mich an.

»Good morning. I bring your ghee.« In den Händen hält sie einen Aluminiumbecher und eine Thermoskanne mit warmem Wasser.

Mein Frühstück. Ich erhalte die Höchstdosis, 125 ml flüssiges Butterschmalz, angereichert mit ayurvedischen Kräutern. Der Becher ist randvoll. Es ist der fünfte Tag, der letzte Schmalztag. Ab morgen geht's ans Eingemachte.

»Thank you, Rajani«, sage ich und spüle den Becherinhalt in einem Zug hinunter. Gut schmeckt das Zeug nicht, aber bei Weitem nicht so schlimm wie ein bestimmter Lianenbrei im peruanischen Dschungel.

»Have a nice day«, sagt die junge Frau und steigt die Außentreppe hinunter.

»You, too!«, rufe ich ihr nach.

Nach fünf Tagen Zeitlupenleben bin ich entschleunigt. Fast wie im Ashram fühlt es sich hier an, fast wie in Nilambe. Klar, es gibt offenkundige Unterschiede zum Meditationszentrum, doch es sind Tage ohne Anforderungen, die ich hier erlebe; ich verspüre die meditative Kraft, die entsteht, wenn Gleichgesinnte zusammenkommen. Die Seele findet zu sich selbst zurück. Ich bade in einem Ozean der Ruhe, erfreue mich an der Schönheit Südindiens.

Am Vormittag kommt Dr. Kadle zur Kurzvisite, ein unauffälliger Inder in weißem Oberhemd und grauer Leinenhose. Er ist Ende dreißig, Vater zweier Kinder. Sein zurückweichender Haaransatz lässt darauf schließen, dass er im Alter kahl sein wird; da hilft wohl auch kein Ayurveda. Trotz seines unscheinbaren Äußeren strahlt Dr. Kadle eine natürliche Autorität aus.

Er ist ein gefragter Mann in der Gegend. Als Schulmediziner betreibt er eine Praxis in Kumta, als Ayurveda-Doc das Treatment Center am Strand. Beim Einführungsgespräch habe ich erfahren, nach welchem Prinzip eine Panchakarma-Kur funktioniert.

Um ihren Job verrichten zu können, müssen die ayurvedischen Substanzen erst mal in den Körper gelangen. Dies geschieht auf dreifachem Weg: oral, rektal und durch die Haut. Auf diese Weise sollen sie möglichst tief in die Zellstrukturen eindringen und die dort angesammelten toxischen Ablagerungen aufbrechen. Am neunten Tag – dem D-Day – werden die Giftstoffe dann mit einem Abführmittel aus dem Körper gespült. Da bekommt der Begriff »Scheißtag« eine ganz neue Bedeutung.

»Wie fühlen wir uns denn so nach dem Ghee?«, fragt Dr. Kadle.

»Wir fühlen uns prima, wo wir jetzt wissen, dass es morgen Frühstück für uns gibt.«

»Wunderbar«, entgegnet der Doc und klatscht in die Hände. »Wir sind auf dem richtigen Weg.«

Ich weiß nicht, wie ich plötzlich darauf komme. Es ist schon lange her. Doch mit einem Mal, wie aus dem Nichts, ist die Erinnerung da, und ich höre mich sagen: »Darf ich Sie mal etwas fragen, Doc?«

»Natürlich.« Mit einer Handbewegung bedeutet mir Dr. Kalde loszulegen.

Ich räuspere mich, bin leicht verwirrt von mir selbst. »Es

geht um eine Freundin aus Neuseeland. Sie unterzog sich wegen ihrer Migräne einer Akupunkturbehandlung. Dabei wurden ihr hundertzwölf Nadeln gesetzt. Die Migräne verschwand, aber seit der Behandlung hatte sie ständig eine Art Schneerieseln vor den Augen, und schließlich ist sie erblindet. Haben Sie so was schon mal gehört?«

Dr. Kadle lässt sich Zeit mit seiner Antwort.»Faszinierend«, sagt er schließlich.»Nach dem Hauptprinzip der Akupunktur durchziehen sogenannte Meridiane den Körper, durch die sich die Lebenskraft bewegt. Das ist wissenschaftlich nicht belegt, aber falls es stimmt, wäre denkbar, dass eine oder mehrere der Nadeln, mit denen Ihre Bekannte behandelt wurde, eine solche Energiebahn beschädigt haben. Die schulmedizinische Erklärung wäre, dass ein Nerv verletzt wurde. Das wäre meine schnelle Ferndiagnose. Aber ich bin kein Facharzt. Das ist ein Fall für einen Spezialisten.« Kadle sieht mich entschuldigend an.»So, jetzt muss ich aber weiter.«

Mit einem knappen Nicken schlüpft er aus der Tür und steigt die steinerne Außentreppe hinab, und ich bin allein mit meinen Gedanken an eine andere Zeit.

* * *

Ruckartig schnelle ich hoch.

Es ist Vollmond. Sein helles, diffuses Licht flutet ins Zimmer. Waren das Schreie, die mich aus dem Schlaf gerissen haben? Ein Albtraum?

Benommen schaue ich aus dem Fenster, blicke auf das Kayakalpa-Haus zwischen den Bäumen. Kamen die Schreie von dort?

Jetzt ist alles still, und ich sinke wieder aufs Laken zurück. Ich bin schweißgebadet.

* * *

»Hast du schon gehört?«

»Mh-mh.« Ich schüttle den Kopf, kaue. Ich habe als Erster vor der Küche gestanden; zum Frühstück gibt es Reis, Gemüsecurry, dazu Rotis, das hauchdünne Fladenbrot, und Kräutertee.

Gianni, ein Jesus-Double aus Turin, schaut mich aus weit aufgerissenen Augen an. »Bombay wurde von Terroristen angegriffen.«

Ich verschlucke mich beinahe. »Wie bitte?«

Gianni nickt aufgeregt. »Schon mehr als hundert Tote! Die Stadt ist im Ausnahmezustand.«

Aus seiner ledernen Umhängetasche zieht er ein Netbook, klappt es auf und stellt es so hin, dass wir beide auf die Startseite von *BBC Online* blicken: Zehn pakistanische Terroristen; mit dem Schlauchboot an Land gelangt; Angriffe auf die Victoria Station, aufs Taj Hotel, aufs Oberoi, aufs Leopold Café. Gleich um die Ecke liegt das Carlton, meine Stammabsteige in Bombay.

Ich lasse das Frühstück stehen und gehe zum Kiosk, hundert Meter die Straße hoch. Von Chips, Nescafé und Cola bis hin zu Zigaretten gibt es dort alles, was die Gäste des Centers meiden sollen.

»Baba, one cigarette, please«, sage ich zu dem Verkäufer, einem Tamilen. Er gibt mir eine Goldflake. Am kokelnden Hanfseil, das vorn am Tresen hängt, zünde ich mir die Zigarette an.

Während ich rauche, krame ich eine eselsohrige Visitenkarte aus meinem Portemonnaie. »Can I …?«, frage ich und deute auf das schwarze Bakelittelefon auf dem Tresen. Der Tamile nickt. Ich wähle die Nummer. Als nach dem zwanzigsten Klingeln niemand abgenommen hat, drücke ich die Gabel hinunter und versuche es erneut. Mit dem gleichen Ergebnis. Im Carlton meldet sich niemand. Normalerweise sitzt einer von beiden, Raju oder Das, *immer* an der Rezeption. Die beiden leben praktisch in dem Hotel, schlafen in unbelegten Zimmern oder in der Lobby auf dem Fußboden. Was ist da los?

Kurz darauf liege ich bei Jagdev auf der Massagebank, doch in Gedanken bin ich ganz woanders. Bombay ist mein Fluchtpunkt. Ich liebe diese Stadt. Ihre Energie, die überschäumende Lebenspower, ihr Licht, das Pulsieren auf den Straßen, das Meer, das sie ringsum umgibt. Und wann immer ich dort bin, steige ich im Carlton ab, direkt hinter dem Taj Hotel, wo die Terroristen zuschlugen.

Es dauert eine Weile, aber dann zermalmen Jagdevs ölige Eisenhände fürs Erste meine Sorgen. Gnadenlos walkt der Inder mir das Kräuteröl in die Haut, er spart keinen Millimeter aus. Eine Wellness-Massage ist das nicht, eher ein tätlicher Angriff.

Als es vorüber ist, kriege ich einen *basti*, den ersten Einlauf meines Lebens. Wie ich mich darauf freue. Lächelnd zeigt Jagdev mir die Kanüle, dick und lang wie ein Zeigefinger. Eingeölt, wie ich bin, führt er mir das Objekt umstandslos ein. Ups. Nun kriege ich durch einen Schlauch hundert Milliliter des Kräuteröls reingepumpt. Ich soll versuchen, es so lange wie möglich in mir zu halten.

Anschließend stakse ich breitbeinig zum Dampfbad, wie ein Cowboy nach tagelangem Ritt, um die Hüften ein dünnes Baumwollhandtuch. In einem kleinen Kabuff erwartet mich ein altmodischer hölzerner Schwitzkasten mit Schwenktür. Öltriefend setze ich mich hinein. Jagdev schwenkt die Tür zu. Nur mein Kopf schaut heraus. Ich bekomme noch ein Handtuch um den Hals gelegt, dann reißt Jagdev den Hahn auf. »Try five minutes, better ten.« Grinsend verschwindet er. Binnen Sekunden wird es brüllend heiß. Sturzbäche von Schweiß fluten mir über das Gesicht. Ich koche. Durch die Hitze sollen die Heilkräuter im Öl möglichst tief in meine Zellen gelangen. Je tiefer, desto besser. Aber was, wenn Jagdev mich unterdessen vergisst? Wenn er lieber mit Rajani schäkert, statt mich aus der Folterkammer zu befreien, ehe die Hitze mich umbringt?

Ich rufe *nicht* nach ihm. Stattdessen stelle ich mir vor, wie ein Giftbrocken nach dem anderen aus meinen Zellwänden herausbricht und ich mit jeder überstandenen Sekunde fitter werde. Ein Weilchen lang funktioniert das ganz gut.

Dann halte ich es nicht länger aus. »Jagdev! Come here!«

In Sekundenschnelle ist er da und erlöst mich. Er schaut auf seine Stoppuhr und verkündet: »Eight minutes, sixteen seconds. Not bad.«

* * *

Neunter Tag. D-Day.

Dr. Kadle steht vor der Tür, wie immer in grauer Hose und weißem Oberhemd. Obwohl er mehrmals am Tag – *jeden* Tag – zwischen seiner Praxis und dem Center hin und her pendelt, sieht er fit und ausgeruht aus. Ich bitte ihn herein. Sobald er im Zimmer ist, reicht er mir einen dunklen, walnussgroßen Klumpen aus gepressten Kräutern. Das Abführmittel, das Sesam-öffne-dich. Fünf Tage lang trank ich warmes Butterschmalz, drei Tage lang wurde ich durchgewalkt, bekam Einläufe und bin in der Hitzekammer beinahe verglüht. Heute ist Reinemachetag. Raus mit den Giften!

»Was ist da eigentlich drin, Doc?«, frage ich ihn, den Blick auf den Kräuterklumpen gerichtet. Dr. Kadle hebt die Brauen und mustert mich wie ein nachsichtiger Lehrer einen begriffsstutzigen Schüler.

»Kanchanara, Triphala Guggulu, Chandraprabha Vati, Arogyavardhini, Neem, Punarnava und noch einiges mehr.«

»Hm, klingt lecker.«

»Nur zu«, sagt er und sieht mich aufmunternd an.

Der Klumpen schmeckt würzig süß, ein bisschen wie Lebkuchen. Ich kaue eine Weile darauf herum, ehe ich ihn mit einem Schluck Wasser hinunterspüle.

»In etwa einer halben Stunde geht es los«, sagt Dr. Kadle. »Bleiben Sie am besten den ganzen Tag in der Nähe Ihrer Toilette.«

Sonderlich prognosensicher kann man den Doc nicht nennen. Kaum zehn Minuten vergehen, bis ich ein Bauchziehen spüre, das sogleich eine Etage tiefer rutscht. Sekunden später hänge ich über dem Klo. Der Schwall, der aus mir herausschießt, kommt mit bemerkenswerter Vehemenz – eine hellgrüne, suppenartige Substanz, die tatsächlich hochgradig giftig aussieht. Unweigerlich denke ich an ungefiltertes Abwasser aus Chemiefabriken.

Kaum liege ich wieder im Bett, um mich von der Attacke zu

erholen, treibt es mich schon wieder zum Klo zurück. Runde zwei. Diesmal schüttelt es mich noch stärker. Und so geht es weiter, Runde um Runde, während draußen der herrliche südindische Vormittag vergeht. Nach einer Weile höre ich auf mitzuzählen.

Das Zimmer, das ich seit zehn Tagen bewohne, hat in alle Himmelsrichtungen Fenster. Mittags, irgendwann zwischen der zehnten und fünfzehnten Klo-Runde, sehe ich einen schneeweißen Range Rover auf das Gelände fahren. Das darf sonst nur der Doc, Taxis und Tuk-Tuks müssen an der Straße halten. Offensichtlich gibt es Ausnahmen. Dem Fond entsteigt eine elegante Inderin mittleren Alters. Ihr goldfarbener Sari schimmert in der Sonne, das seidige Haar trägt sie sorgfältig hochgesteckt, an ihrer Schulter hängt eine edle Handtasche. Dr. Kadle geht ihr entgegen und begrüßt sie. Die Gattin des Mannes im Kayakalpa-Haus. Auch er hat heute seinen D-Day, nach achtundzwanzig Tagen freiwilliger Isolation kommt er heute raus.

Ich trete ans gegenüberliegende Fenster. Tatsächlich, vor der *kayakalpa kuti* hat sich alles versammelt, Gäste und Personal gleichermaßen. Das Begrüßungskomitee für den Rückkehrer aus der fünften Dimension. Das lasse ich mir nicht entgehen.

Sobald ich zu dem Menschenauflauf stoße, tritt ein hoch aufgeschossener Inder aus dem Haus. Er ist um die vierzig und trägt schmuddelige Baumwollklamotten. Sein schwarzer Struwwelkopf ist verfilzt, ein wuchernder Zauselbart verunstaltet Kinn und Wangen, seine Lippen sind aufgesprungen. Auf seiner Nase sitzt schief eine dunkle Sonnenbrille, die seine Augen vor der Helligkeit schützen soll.

Rabindranath Roy, so heißt der Mann. Ehrfürchtiges Staunen wallt ihm entgegen. Er hat das Undenkbare vollbracht. Vier Wochen Meditation am Stück, allein in der Finsternis. Aber wenn ich mir den Burschen so anschaue, kommen mir Zweifel, ob er sich damit einen Gefallen getan hat.

Wie das Meer vor Moses, so teilt sich unsere kleine Menschenmenge, als Mister Roy unsicher auf uns zuschreitet, einen Arm um die Schultern eines Angestellten des Centers gelegt. Mister Roy wirkt ein wenig desorientiert, verwirrt, als wüsste er nicht so recht, auf welchem Planeten er gelandet ist.

Die elegante Inderin erscheint. Die Leute treten zur Seite. Sie nimmt Mister Roys Hand, küsst sie und führt sie kurz an ihre Stirn.

Im nächsten Moment sackt er zusammen. Sie versucht ihn aufzufangen, doch es gelingt ihr nur halb. Sein Helfer greift ihm unter die Arme, versucht ihn auf den Beinen zu halten. Mit vereinten Kräften wenden Gattin und Helfer Mister Roy in Richtung des Haupthauses und führen ihn darauf zu. Der Menschenauflauf beginnt sich aufzulösen.

Im Eiltempo pese ich zurück auf mein Zimmer – und erreiche gerade noch rechtzeitig das Klo.

Am Abend scheine ich es endlich überstanden zu haben. Mein Gedärm gibt endlich Ruhe. In mir ist nichts mehr, was ich noch loswerden könnte. Wenn Dr. Kadles Theorie zutrifft, befinden sich nun keinerlei Giftstoffe mehr in meinem Körper. All die Rückstände von Geschmacksverstärkern, Emulgatoren, Farb- und Konservierungsstoffen, Wachstumshormonen, Antibiotika und was weiß ich noch alles, all der Dreck, der sich über die Jahrzehnte im Wohlstandskörper des Europäers so ablagert, hat sich verdünnisiert. Lange wird das natürlich nicht so bleiben, aber so ein Reset hat schon etwas für sich.

Kann man sich ausgelaugt und gleichzeitig berstend vor Energie fühlen? Geht das? Ja, und wie das geht. Nach all der Scheißerei fühle mich mit einem Mal federleicht, beweglich wie ein Flummi und voller Tatendrang. Ich fliege. Hinaus in die Tropennacht. Max hatte recht.

Als ich kurz darauf am Strand eintreffe, bemerke ich aus den Augenwinkeln einen Lichtkegel. Jemand läuft am Wasser entlang in meine Richtung, eine Taschenlampe in der Hand. Es ist stockdunkel. Weit und breit kein elektrisches Licht. Wer da kommt, sieht mich nicht. Doch als die Person näher kommt, erkenne ich sie am humpelnden Gang. Es ist Cécille. Leider verpasse ich den Moment, mich bemerkbar zu machen. Warum, weiß ich nicht. Den Blick aufs schwarze Meer gerichtet, bleibt sie sechs, acht Meter vor mir stehen, legt die eingeschaltete Taschenlampe in den Sand, aufs Wasser gerichtet, und beginnt, sich auszuziehen. Spätestens jetzt müsste ich etwas sagen, aber ich stehe da wie paralysiert. Nichts ahnend steigt Cécille aus ihrem langen Rock, streift das Oberteil ab. Darunter trägt sie einen Bikini. Und als sie im Lichtkegel ihrer Taschenlampe aufs Meer zuhumpelt, erkenne ich für einige Sekunden ihr verkrüppeltes Bein. Was ich sehe, lässt mich frösteln, und mir wird klar, wie massiv ich hier ihre Intimsphäre verletze. Als sie sich behutsam in die Fluten gleiten lässt, wende ich mich um und verschwinde im Dunkel.

* * *

Nach achtstündigem Schlaf fühle ich mich wie grunderneuert, porentief gereinigt. Mein Kopf ist kristallklar. Ich setze mich auf, schaue aus dem Fenster. Draußen hängt Dunst zwischen den Bäumen. Es ist noch früh am Morgen. Ein Vogel trällert sein Lied. Glück ist ein seltener, ein flüchtiger Moment – und dies ist so einer.

Ich stehe auf, schlinge mir ein Tuch um die Hüften und gehe nach draußen. Im Osten beginnt die Sonne ihre nächste Himmelsrunde; ihr Licht im Rücken, spaziere ich zum Strand. Ich möchte mich vom Meer verabschieden. Weiter vorn erblicke ich eine Gestalt. Cécille. Sofort fällt mir der letzte Abend wieder ein. Sie steht am Wasser, blickt gedankenverloren zum Horizont, und plötzlich ist mein Hochgefühl wie weggeblasen. Betreten gehe auf sie zu, räuspere mich. Sie wendet sich um, schaut mich aus ihren blauen Augen an.

»Hallo, Cécille.«

»Hey, Joe. Wie war es?« Sie lächelt. »Na, wie oft musstest du zur Toilette?«

Es gibt im Center eine Art inoffiziellen Wettbewerb. Angeblich liegt der Rekord bei zweiundfünfzig Sitzungen, gehalten von einem Schweden, der vor Jahren mal hier war. Ganz sicher ist sich aber niemand.

»Keine Ahnung. Irgendwann habe ich aufgehört mitzuzählen. So um die zwanzig Mal.« Ich mache eine Pause. »Du, hör mal, ich möchte dir eigentlich etwas ganz anderes sagen …«

Cécille hebt die Brauen. »Ja?«

Ich schlucke, ringe nach Worten. Mein Kopf ist wie leer gefegt. Ich finde keinen Weg, mich zu erklären, ohne wie ein kompletter Depp dazustehen. Nun ja, vielleicht ist es auch besser so. Und so sage ich nur, was ich ihr ohnehin hatte sagen

wollen: »Cécille, ich reise nach dem Frühstück ab, und ich möchte dir sagen, dass ich fest davon überzeugt bin, dass dein größter Wunsch in Erfüllung geht. Ganz bestimmt.«
Ich weiß, dass sie weiß, wovon ich spreche.
»Merci«, sagt sie, legt ihre Arme um mich und haucht mir einen Kuss auf die Wange. Von mir gibt es auch einen.

* * *

Am Ausgang wartet der weiße Range Rover. Ich öffne den Wagenschlag und setze mich nach vorn zum Fahrer; mein Rucksack liegt schon im Kofferraum. Hinten sitzen Mister Roy und seine Gattin. Sie heißt Saraswati, wie ich mittlerweile erfahren habe. Die beiden sind Brahmanen, gehören zur Kaste der Reichen und Gebildeten.

Dr. Kadle war nicht gerade begeistert von meinem Entschluss, gleich nach dem D-Day abzureisen. Es hätten noch zwei Aufbautage mit wässriger Reissuppe angestanden. Gehört zum Programm. Aber jetzt möchte ich so schnell wie möglich nach Bombay hoch. Drei Tage haben die Terroristen die Stadt im Würgegriff gehalten; bis auf einen wurden alle erschossen, von über hundertfünfzig Toten und mehr als zweihundert Verletzten ist die Rede. Und im Carlton erreiche ich immer noch niemanden. Ich muss wissen, was los ist und wie es um Colaba steht.

Der Range Rover setzt sich in Bewegung. Schnell lassen wir Kumta hinter uns, fahren auf der Landstraße Richtung Norden. Draußen zieht die üppige Tropenlandschaft Karnatakas vorüber, im Wagen herrscht Schweigen. Mister Roy und Saraswati fliegen ebenfalls nach Bombay. Als ich mich beim

Frühstück von den anderen verabschiedet habe, bekam Saraswati mit, dass ich nach Panjim zum Flughafen muss, und bot mir die Mitfahrgelegenheit an. Ich habe zwar noch kein Ticket, aber ich werde schon eins ergattern.

Natürlich hätte ich Dutzende von Fragen an Mister Roy. *Wie kommt man auf die Idee, sich für vier Wochen freiwillig wegsperren zu lassen? Machen Sie so was öfter? Wie haben Sie das Alleinsein in der Finsternis ertragen? Hatten Sie Angst? Gab es zwischendurch Momente, in denen Sie aufgeben wollten? Hatten Sie ein Erweckungserlebnis? Sind Sie Gott begegnet?*

Aber Mister Roy, der seine Augen weiterhin hinter einer Sonnenbrille verbirgt, wirkt noch immer schwer ausgeknockt. Seine Frau, die heute einen edlen dunkelgrünen, mit Goldfäden durchwirkten Seidensari trägt, hält seine Hand, und ich halte besser den Mund. So rauschen wir dahin, während wir einen überladenen Minivan nach dem anderen überholen, und sprechen kein Wort. Abermals geht mir die letzte Nacht am Strand durch den Kopf.

Hinter mir stecken Mister Roy und Saraswati die Köpfe zusammen und beginnen, leise zu tuscheln. Entlang der Straße fliegen die Holzkarren der Händler vorbei, bepackt mit Kokosnüssen, Limca-Limonade, Betelpaste und Zigaretten. Plötzlich fragt mich Saraswati von hinten: »Haben Sie im Center von den Terrorangriffen in Bombay gehört?«

Unsere Blicke treffen sich im Rückspiegel. Ich nicke.

»Bei der Attacke aufs Taj Hotel sind Rabins Bruder und seine Schwägerin ums Leben gekommen«, sagt die Inderin. »Rabin hatte eine Vision.«

Was erzählt sie da?

Einen Moment lang verschlägt es mir die Sprache. Dann

wende ich mich um und sehe Rabin an. »Ich, äh … ich weiß gar nicht, was ich sagen soll … Das ist ja furchtbar, Rabin. Mein tief empfundenes Mitgefühl.«

Der Inder nickt, nimmt die Sonnenbrille ab und mustert mich aus verquollenen Augen. Sie sehen aus, als hätte er die ganze Nacht geweint. Nun höre ich zum ersten Mal seine Stimme. Sie klingt rau und belegt.

»Ich habe es *mit angesehen,* verstehen Sie? Während ich in der Dunkelheit saß und meditierte, sah ich plötzlich Karan und Istari in der Lobby stehen«, beginnt er zu erzählen. »Im Taj fand ein Empfang statt. Viele festlich gekleidete Menschen waren dort.« Der Inder stockt, ringt nach Worten. »Im ersten Moment habe ich mich über die Vision gefreut. Ich meditiere schon sehr lange, aber so etwas hatte ich noch nie erlebt. Doch dann breitete sich auf dem Hemd meines Bruders plötzlich ein roter Fleck aus, und im nächsten Moment flog ihm der Kopf weg, als sei er plötzlich weggeplatzt. Da war nur noch der offene Hals. Dann brach auch Istari blutüberströmt zusammen. Ich schrie und schrie, und plötzlich war die Vision vorüber. Ich habe versucht, sie als eine Art Albtraum während der Meditation abzutun und zu vergessen. Doch als ich gestern von meiner Frau erfuhr, dass …« Mister Roy schlägt eine Hand vor den Mund. Tränen quellen ihm aus den Augen. Saraswati tätschelt beruhigend seine Schulter.

Beklommen wende ich mich wieder um. Mir ist nicht klar, was ich von alldem halten soll. Der Fahrer, ein älterer Karnataki in einem beigefarbenen Poloshirt, blickt stoisch geradeaus. Keine Ahnung, wie viel er versteht. Verwirrt starre ich durch die Windschutzscheibe.

Ich habe sie völlig vergessen, die Nacht, als mich irgendetwas aus dem Schlaf hochfahren ließ, doch jetzt fällt es mir wieder ein. Es war die Nacht, als in Bombay die ersten Schüsse fielen. Ich hatte das Gefühl, irgendjemand hätte geschrien. Drüben im Kayakalpa-Haus.

Visionen? Das zweite Gesicht? Im Geist Ereignisse miterleben, die sich Hunderte von Kilometern entfernt zutragen, wie eine Liveübertragung im Fernsehen? In Sri Lanka hatte ich einmal eine außerkörperliche Erfahrung. Meine Erlebnisse im peruanischen Dschungel scheinen ebenfalls darauf hinzudeuten, dass es zwischen Himmel und Erde so manches gibt, was außerhalb unserer Vorstellungskraft liegt.

Oder ist Mister Roy einfach nur psychisch angeschlagen von der vierwöchigen Isolation, traumatisiert vom gewaltsamen Tod seines Bruders? Wäre es möglich, dass er sich die Vision im Nachhinein nur eingebildet hat?

Ja, vielleicht.

Aber sicher weiß ich es nicht.

KARMA-CHECK

(Bombay – Bangkok)

Endlos aufgereiht stehen sie im Lichtschein der Flutstrahler. Metallene Riesenwale auf Rädern. *SpiceJet, IndiaStar, Sahar, JetLite, Kingfisher, GoAir* – so heißen die Airlines des neuen, boomenden Indiens. Die Maschinen werden betankt, beladen, startklar gemacht. Es herrscht Hochbetrieb. Meine Mitreisenden und ich stehen Schulter an Schulter, die Hände an den Haltegriffen. Der Bus karrt uns zu unserer Maschine. Sobald sich die Drucklufttüren öffnen, steigt mir der Duft von Kerosin in die Nase. Besser als jedes Parfüm. Meine Lebensgeister erwachen. Es ist ziemlich früh, eigentlich noch Nacht, aber als ich den Duft der Ferne und der Abenteuer rieche, bin ich plötzlich fit. Bester Dinge steige ich die Stufen der Gangway hinauf. Oben angekommen, werfe ich einen letzten Blick zum Himmel. Im Osten glüht er schon.

Bye bye, Maximum City. Bye bye, Bombay.

Zwei indische Schönheiten heißen mich an Bord willkommen. Ihr azurblaues *IndiaStar*-Kostüm ist todschick, auf dem Kopf tragen sie ein passendes Häubchen, im Gesicht ein strahlendes Lächeln. »Good morning, Sir.«

»Good morning, ladies.«

Meinen Platz muss ich nicht lange suchen, ich sitze auf 1F, ganz vorn, rechts am Fenster. Hinter mir strömen die anderen Passagiere in die Kabine. Ich verstaue meinen kleinen Reiserucksack im Gepäckfach und lasse mich auf meinen Sitz sinken. Meine Sitznachbarn erscheinen. Ein mittelaltes Ehepaar. Ihrem rosafarbenen Teint nach zu urteilen, dürften es Engländer sein, sie in beiger Flanellbluse, er im grünen Baumwolloberhemd, beide ergraut. Ich nicke ihnen zu.

Dann wende ich den Kopf zum Fenster. Draußen wird es mit jeder Sekunde heller. Ich blicke auf den Slum, der ans Rollfeld des Chhatrapati Shivaji International Airport grenzt. *Sahar Goan* heißt er. Weiß ich vom Taxifahrer. Hunderttausend Kastenlose leben dort, die Unberührbaren. Sie schuften als Lumpensammler, Latrinenreiniger, Tagelöhner. Keiner von ihnen wird jemals in einem Passagierflugzeug sitzen. Während die Boeing zur Startbahn rollt, schwebt die Flügelspitze um Haaresbreite an den Sperrholzhütten vorbei.

Die Triebwerke brüllen auf, katapultieren den Jet über die Piste. Wir heben ab. Sahar Goan verschwindet aus meinem Blickfeld. In einer weiten Ostkurve überfliegen wir die erwachende Stadt. An ihrer Südspitze erkenne ich die geschwungene Bucht des Chowpatty Beach und den sichelförmigen Marine Drive, Bombays bekannteste Straße.

Dann sind wir über Colaba.

Als ich vor fünf Tagen, aus Kumta kommend, dort eintraf, glich das Viertel einer Kriegszone. Überall waren Soldaten unterwegs, Panzerwagen blockierten den Mukherjee Chowk, den von Kolonialbauten gesäumten Kreisverkehr. Alles war abgesperrt. Nach einigem Hin und Her gelang es mir, mich auf den Causeway durchzumogeln, Colabas Hauptstraße.

Kurz darauf erklomm ich die Stufen zum Carlton. Seit Tagen hatte ich dort niemanden erreicht, befürchtete das Schlimmste. Sobald ich durch die Tür trat, erblickte ich Raju und Das. Sie saßen hinter der Rezeption, wie Ernie und Bert, und spielten Karten.

»Mister John, welcome home!«, begrüßte Raju mich freudestrahlend. Sein kahl rasierter dunkler Schädel glänzte wie eh und je, das verwaschene Nirvana-T-Shirt hing ihm locker am Leib. »You need room?«

Ich lachte und stellte meinen Rucksack ab. »I tried to call, but no one answered. I was afraid you could be dead. Shot by the terrorists! Good to see you, my friends.«

Raju und Das nickten im Gleichtakt. »Don't worry, we not shot. Carlton closed for three days«, sagte Das, der Elegantere der beiden, er im hellbraunen Oberhemd mit silbernen Manschettenknöpfen. »Now we open. You have any room you like, we are empty.«

»Excuse me, Sir?« Eine Stimme reißt mich aus meinen Gedanken. Ich blicke auf. »Have you found a white envelope?«

Vor mir steht eine der beiden Stewardessen, die mich an Bord begrüßt haben. Die mit der asymmetrischen Kurzhaarfrisur. Aus ihren großen Rehaugen schaut sie zu mir herab.

Habe ich einen weißen Umschlag gefunden?

»Sorry, no.« Ich räuspere mich, schüttle den Kopf. Die Schöne wendet sich an meinen Sitznachbarn.

»I surely have not found a white envelope«, erklärt der Mann im Oxford-Sound. Seine Gattin verneint ebenfalls, und die Stewardess rückt wieder ab.

Wir fliegen nach Osten, quer über den Subkontinent, dann weiter über den Golf von Bengalen bis nach Bangkok. Viereinhalb Stunden Flugzeit. Ich mache es mir bequem und schaue aus dem Fenster hinaus ins Stratosphärenblau. Mit neunhundert Stundenkilometern rasen wir der aufgehenden

Sonne entgegen, die fernen Wolkentürme schimmern wie goldene Paläste, ein überirdisch schöner Anblick.

Schade nur, dass ich diese Schönheit überhaupt nicht genießen kann.

Nach einer Weile weht der Duft von frisch aufgebrühtem Kaffee durch die Kabine. Die Stewardessen beginnen, das Mikrowellenfrühstück auszugeben, und ich bemerke, dass ihre anfänglich so strahlenden Mienen zu ernst dreinblickenden Betonmasken erstarrt sind. Auf Plastikessen habe ich keine Lust, lasse mir nur schwarzen Tee und ein Wasser reichen. Die Engländer neben mir hingegen langen ordentlich zu.

Ich nippe an meinem Tee und blicke wieder aus dem Fenster. Als Queen Elizabeths Untertanen mit ihrem Frühstück fertig sind, löse ich den Gurt, zwänge mich, zweimal *sorry* sagend, an ihnen vorbei und begebe mich zur Toilette.

Bei meiner Rückkehr kniet die Stewardess vor unserer Dreierreihe und tastet den Boden unter den Sesseln ab. Das englische Ehepaar steht ratlos daneben. Schulterzuckend schauen wir uns an. Die Passagiere in den hinteren Reihen beobachten das Ganze interessiert. Die Stewardess greift in die Ritzen zwischen den Rückenlehnen und Sitzflächen, dann beugt sie sich abermals unter die Sessel und tastet von Neuem herum. Als sie nicht findet, wonach sie sucht, erhebt sie sich und verschwindet wortlos hinter den Vorhang, der die Kabine von der Bordküche trennt.

»She must be looking for very important documents«, sagt der Engländer.

Ich nicke.»Probably.«

Jenseits der indischen Festlandplatte nimmt die Maschine Kurs übers Meer. Noch zweieinhalb Stunden bis Bangkok.

Vor meiner Rückkehr nach Berlin möchte ich die Gelegenheit nutzen, um für mein Romanprojekt zu recherchieren. Deshalb dieser Flug nach Thailand. Susan Aldous, die in Bangkok lebende Lachgöttin, hat mich mit vielen Infos versorgt, doch erst jetzt, fast drei Jahre später, scheint es mit einem Besuch im Hochsicherheitsknast Bangkwang zu klappen. Der Sträfling, den ich besuchen werde, heißt Paul Swindon. Ich kenne den Mann nicht. Und während die Sache jetzt langsam, aber sicher Realität zu werden beginnt, beschleichen mich erste Zweifel an der Ethik meines Unterfangens. Irgendetwas fühlt sich dabei … sagen wir, es fühlt sich *schwierig* an.

Wie dem auch sei, zwei Stunden später landen wir in Bangkok. Mit einem mulmigen Gefühl im Bauch verlasse ich die Maschine. Die Stewardessen würdigen mich keines Blickes.

* * *

Hey, Joannis!
Halt dich fest! Nikhil und ich haben uns in Lilas Hochzeit eingeklinkt. Nächsten Mittwoch gibt es eine Doppelhochzeit in Poona! Du bist natürlich eingeladen, falls du es schaffst. Gib Bescheid. Am Hochzeitsmorgen wird Nikhil mich auf einem bunt angemalten Elefanten zum Pataleshwara-Tempel entführen. Dort findet die Trauungszeremonie statt. Danach gibt es im Haus der Nairs ein dreitägiges Fest!
Alles Liebe, hoffentlich bis bald.

Amy

PS: Grüße auch von Nikhil. Falls du es schaffst, holen wir dich vom Flughafen ab.

Soll ich jetzt jubeln? Amy und Nikhil heiraten. Meine eigene Beziehung steht auf der Kippe. Dabei hätte alles auch ganz anders kommen können. Ich hätte damals nur einen anderen Zug zu nehmen brauchen. Aber ich tat es nicht. Warum eigentlich? Was hielt mich davon ab?

Der Deckenventilator zerteilt die Rauchfahnen, die von meiner Zigarette aufsteigen. Von draußen fällt blaues Neonlicht an die Wand. Während ich auf dem Bett liege und mit halbem Ohr dem Sound der Straße lausche, geraten meine Gedanken ins Schlingern. Da erst bemerke ich es, das Poster in der Ecke neben dem Schrank. Im Halbdunkel kann ich es nicht genau erkennen. Ich setze mich auf und rücke näher heran.

Tatsächlich, er ist es. Seine Umrisse sind unverkennbar. Auf dem Poster, im schwachen Schein des blauen Lichts, prangt ein vierarmiger Shiva. Er blickt lässig auf mich herab.

Was will der denn hier? Thailand ist Buddha-Land.

»Willst du mir irgendetwas *mitteilen*?«, pflaume ich den Postergott an. »Dich vielleicht … *entschuldigen*?«

Aber Shiva schweigt. Götter entschuldigen sich nicht. Und wofür auch? Ich drücke die Zigarette aus. Die Stimmen, das Gelächter, das Gehupe unter meinem Balkon – draußen tobt das Leben. Ich hieve mich vom Bett und ziehe los.

Vor meinem Guesthouse in Ratchathewi, einem Bezirk in der östlichen Innenstadt, schlägt mir die nächtliche Hitze entgegen. Meine Gedanken flirren. Das Lachen der Nachtschwärmer nehme ich nur verschwommen wahr, während ich durch die schillernden Straßen drifte. Schließlich versacke ich in einer Bar irgendwo auf der Sukhumvit Road.

* * *

145

»Bringen Sie ihm frisches Obst und ein paar Bücher mit. Im Registrierungscenter geben Sie die Sachen ab«, unterwies mich Mister Saragih, der Angestelle im britischen Konsulat in Bangkok. Vorgestern habe ich ihn von Bombay aus angerufen.

»Tragen Sie keine kurze Hose, keine Flip-Flops. Am besten ziehen Sie ein Oberhemd an. Und noch etwas: Erzählen Sie ihm nicht zu viel von Ihrem Leben in Freiheit.«

»Wie lange sitzt Paul denn?«

»Achtundvierzig Jahre.«

Einen Moment lang verschlug es mir die Sprache. »Was hat er denn verbrochen?«, flüsterte ich in den Telefonhörer.

»Das erzählt er Ihnen am besten selbst.«

Entsprechend ausgestattet mache ich mich auf den Weg nach Bangkwang. Die Skytrain-Station Phaya Thai gleicht einem Bienenstock. Ich schiebe mich durchs Gewimmel in die die Hochbahn. Nachdem wir eine Weile in einer Büroturmlandschaft herumgekurvt sind, steige ich an der Thaksin Bridge aus und gehe runter zum Fluss. Nach kurzer Wartezeit kommt das Expressboot angescheppert. Weiter geht's durch die braunen Fluten des Chao Phraya. Wie eine Schlange windet der breite Fluss sich durch Bangkok. Gischt spritzt auf. Nach und nach weichen die Glaspaläste an den Ufern schlichteren Bauten, dazwischen schnappen Reste von Tropengrün nach Luft. Die Fahrt führt in nördliche Richtung, raus aus der Innenstadt. Nach einer Dreiviertelstunde erreichen wir die Endstation, Nonthaburi. Als ich aussteige und mich umblicke, schillert in der Ferne Bangkoks Skyline wie eine Fata Morgana.

Noch ein zehnminütiger Fußmarsch im gleißenden Sonnenschein, dann bin ich an meinem Ziel.

Bangkwang Central Prison steht in knochenbleichen Lettern über dem Eingangstor. Asiens größter Hochsicherheitsknast. Achttausend Sträflinge, fünfhundert davon Leute aus dem Westen. Ich verharre einen Moment und atme tief durch. Mein Blick schweift umher. Mauern. Wachtürme. Stacheldraht. Ein riesiges Areal. Soll ich das wirklich machen? Ich kenne den Mann doch gar nicht. Paul Swindon. Nutze ich ihn letztlich nur für meine Zwecke aus? Bin ich ein Arsch? Das Ganze fühlt sich zunehmend fragwürdig an.

Ehe ich es mir anders überlegen kann, erledige ich im Registrierungscenter die Formalitäten und gebe gegen eine Empfangsbestätigung Pauls Mitbringsel ab. Mein kleiner Rucksack kommt in ein Schließfach. Draußen im überdachten Wartebereich lasse ich mich auf einen der Plastikstühle sinken. Die meisten der Wartenden sind Frauen, viele haben ihre Kinder mitgebracht. Gleich werden diese Kids einen Fremden treffen, der ihr Papa ist.

Irgendwann ruft man mich auf, und ich erhalte den Passierschein. Es geht durch drei massive Eisentore. Vor jedem stehen Wachleute mit Maschinenpistolen. Dreimal werde ich durchsucht. Zuletzt überquere ich einen betonierten Innenhof und halte Ausschau nach Kabine 116. Die meisten sind besetzt. Ich sehe die Rücken der Frauen, die mit ihren Männern reden.

Da ist die 116. Eine schmale, zum Hof hin offene Kabine mit Trennwänden und einer Glasscheibe. Dahinter wartet ein Mann. Ich gehe auf ihn zu, setze mich auf den Klappstuhl. Hinter dem verschmierten Panzerglas sitzt Paul Swindon in orangefarbener Gefangenenkluft. Sie ist ihm zu groß. Wirr steht ihm der graue Haarkranz vom Kopf ab, oben ist er kahl, seine stoppeligen Wangen wirken hohl.

Paul greift nach dem Hörer, der vor ihm auf der Ablage liegt. Ich sehe, dass er Handschellen trägt. Als er grinst, kommen zwei lückenhafte Zahnstumpenreihen zum Vorschein. Hinter ihm an der Wand lehnt ein schwarz uniformierter Wachmann, eine verspiegelte Sonnenbrille auf der Nase.

»Hi, Bruder, ich bin Paul«, dringt seine heisere Stimme aus meinem Hörer. »Wie heißt du, woher kommst du?«

»Hallo, Paul«, sage ich in die Sprechmuschel, den Blick auf mein Gegenüber gerichtet. »Ich bin Joannis. Aus Deutschland. Ich hoffe, es ist okay, dass ich dich besuche. Ich meine, wir kennen uns ja überhaupt nicht.« Meine Stimme kommt mir eigenartig vor, klingt plötzlich seltsam fremd in meinen Ohren.

Wieder das Zahnstumpengrinsen. »Hey, Joe. Klar ist es okay. Schön, dich kennenzulernen«, sagt Paul. Er sieht nicht aus wie einundvierzig. Eher wie siebzig. Seine Falten sind Furchen in einem sonnenverbrannten Acker, die Augen stille Tümpel von undefinierbarer Farbe. »Ist schon eine Weile her, dass mich jemand besucht hat.«

Verlegen rutsche ich auf dem Stuhl herum. Ich weiß nicht, wie ich das Gespräch, für das ich eigens nach Thailand geflogen bin, in Gang bringen soll. Paul spürt meine Befangenheit. »Bleib locker, Mann. Willkommen im Bangkok Hilton. Ich freue mich, dass du hier bist, echt.«

Dankbar nicke ich und versuche mich zu entspannen. So recht will es mir trotzdem nicht gelingen.

»Aus Germany also «, hilft Paul mir auf die Sprünge. »Gute Mannschaft habt ihr. Hast du mir ein paar Fußballmagazine mitgebracht? Zigaretten?«

»Äh … nein, aber ein paar Romane und jede Menge Obst«, sage ich schnell. »Habe ich bei der Anmeldung abgegeben. Ich hoffe, du kriegst die Sachen.«

»Ja, ja, das klappt schon. Danke.« Er klingt ein wenig enttäuscht. »Du bist bestimmt neugierig auf meine Geschichte, stimmt's?« Plötzlich funkeln Pauls trübe Augen. »Ich erzähl sie dir gegen ein bisschen Zigarettengeld. Abgemacht?«

Ich versuche, ein Lächeln zustande zu bringen. »Klar. Wenn es dir nichts ausmacht …«

Paul schüttelt den Kopf. »Quatsch. Shit happens. Pro E gab's ein Jahr, ganz einfach. Die hassen es, wenn Stoff von außerhalb ins Land kommt. Die haben genug Ärger mit ihrem eigenen Zeug.«

»Wovon sprichst du, Paul?«

»Von Ecstasy, Mann. Ich hab Pillen ins Land geschmuggelt.«

»Ach so. Wie viele denn?«

»Fünfzig Stück.«

»Und was ist passiert?«

»Ich stamme aus Liverpool, Mann«, sagt Paul, als würde das alles erklären. »Vor fünf Jahren bin ich mit meiner Freundin nach Thailand geflogen. Die Pillen waren in meine Cargohose eingenäht. Wir flogen ab Amsterdam. Die Sicherheitschecks waren kein Problem. Ich wollte die Pillen am Strand verticken, um meine Reisekasse ein wenig aufzubessern.« Er hält kurz inne, den leeren Blick auf mich gerichtet.

»Aber etwas kam dazwischen«, fülle ich die Stille.

»Kann man so sagen«, gibt Paul zurück. »Nach der Landung in Bangkok warf ich zwei Pillen ein und zog los, um die Stadt zu erkunden. Weil es derart brutal heiß war, zog ich mein

T-Shirt aus und wurde einkassiert. Erregung öffentlichen Ärgernisses oder so. Auf dem Polizeirevier wurden in meiner Hose die restlichen Pillen entdeckt. Achtundvierzig Stück. Ich war so high, dass ich überhaupt nicht mitbekam, was passierte. Für jede Pille gab der Richter mir ein Jahr. Shit happens, Mann«, wiederholt er und gibt ein raspelndes Lachen von sich.

Ich halte den Hörer von meinem Ohr weg, bis Paul mit seinem Geraspel fertig ist. »Habe ich das richtig verstanden?«, sage ich dann. »Du bist aufgeflogen, weil du mit nacktem Oberkörper durch Bangkok spaziert bist?«

Paul verzieht das zerfurchte Gesicht. »Ganz genau. Kann man alles im Internet nachlesen, samt Foto von der Gerichtsverhandlung.«

O Mann. Paul war ein kleiner Möchtegern-Dealer, der sich dümmer anstellte, als die Polizei erlaubt. Selten war die Metapher treffender. Ein ganz kleiner Fisch. In den meisten Ländern Europas hätte Paul ein Jahr auf Bewährung bekommen. Wenn überhaupt.

Achtundvierzig Jahre?

»Kannst du dich nicht nach England überstellen lassen?«, frage ich ihn.

»Vergiss es.«

»Fuck.«

»Du sagst es. Wie es aussieht, komme ich erst als Greis wieder hier raus. Falls ich so lange durchhalte.« Er bleckt die Zähne, präsentiert mir seine Gebissruine. »Für Medikamente und Arztbesuche muss man blechen. Sonst lassen sie dich einfach verrecken. Würde Mister Saragih uns nicht alle paar Wochen mit dem Nötigsten versorgen, wären viele längst krepiert.«

»Und was ist mit deiner Freundin?«, wechsle ich das Thema. Dass mir ein Fauxpas unterlaufen ist, wird mir im nächsten Moment klar. Das Frauenthema dürfte kaum erbaulicher sein als das seiner Gesundheitsfürsorge.

»Jenny? Fuck Jenny. Von der hab ich nie wieder was gehört. Nicht einen meiner Briefe hat sie beantwortet.« Pauls Augen umwölken sich. Irgendetwas scheint in ihm aufzusteigen, doch im selben Moment unterdrückt er es auch schon wieder.

»Hey – wir reden hier ständig von mir, Joe«, sagt er in den Hörer, mit einem Mal wieder voll da, den Blick unverwandt auf mich gerichtet. »Was treibt das Leben mit *dir?* Hast du Frau und Kinder? Einen guten Job? Was ist Sache, Mann?«

Mir fällt Saragihs Mahnung ein. *Erzählen Sie ihm nicht zu viel von Ihrem Leben in Freiheit.* Okay, also dann die abgespeckte Version.

»Ich werde bald Vater«, sage ich. »Mit der dazugehörigen Frau läuft es leider nicht so gut. Ansonsten reise ich gern und versuche zu schreiben.«

»Hätte ich auch gern«, sagt Paul. »Einen Sohn, meine ich.«

Er zuckt mit den Schultern. Der Wachmann hinter ihm hat sich bisher kein einziges Mal gerührt. Er sieht aus wie eine uniformierte Schaufensterpuppe.

Mister Saragih hat recht. Privates sollte man hier lieber außen vor lassen.

Im nächsten Moment fragt Paul: »Ist Schreiben dein Job?«

Jetzt bin ich derjenige, der in die Sprechmuschel lacht. »Ich arbeite dran. Wenn du es genau wissen willst, bin ich wegen einer Romanidee hierhergekommen. Ich wollte herausfinden, wie es hier drinnen aussieht, wie es sich anfühlt. Aber ich hätte die Sache im letzten Moment fast noch abgeblasen. Es kommt mir nämlich irgendwie … *ungut* vor. Verstehst du, was ich meine, Paul? Wir kennen uns doch gar nicht. Ich sitze hier und gaffe dich an wie einen Affen im Zoo.«

Paul lächelt.»Stimmt genau. Damit musst du klarkommen, Mann. Wir nennen es *banana visit*. Irgendein Backpacker kreuzt auf und schenkt uns Bananen. Dafür darf er uns angucken. Bangkwang ist zwar keine Touristenattraktion, aber es kommen immer wieder Neugierige, um irgendeinen Sträfling aus dem Westen zu besuchen.«

Wir taxieren uns durch die schmierige Glasscheibe.

»Ist aber in Ordnung«, fährt er fort.»Ihr bekommt euren Thrill, wir ein bisschen Abwechslung. Du überlegst zu viel, Mann. Ich freu mich über jeden Besuch, egal, von wem und warum.« Er nickt bekräftigend.»Was ist denn das für eine Romanidee?«

Ich räuspere mich. Durch seine Sonnenbrille starrt der Wachmann weiter Löcher in die Luft. Paul sieht mich erwartungsvoll an.

»Der Arbeitstitel lautet *Elephant Man*«, beginne ich.»Es geht um einen smarten Backpacker, der in Südostasien dubiose Geschäfte macht. Als etwas schiefläuft, landet statt seiner ein ahnungloser Tourist für dreißig Jahre im Knast. Der Backpacker kehrt ungeschoren in sein geordnetes Leben nach Europa zurück. Doch schließlich merkt er, dass er nicht mit der Schuld leben kann, die er auf sich geladen hat. Er kehrt nach Asien zurück, um die Sache wiedergutzumachen.«

»Und was tut er?«, fragt Paul.»Stellt er sich den Behörden? Sorgt er dafür, dass der andere Kerl freigelassen wird?«

Ich ziehe die Stirn in Falten.»Keine Ahnung. An dieser Stelle hakt die Story. Es soll keine Action-Geschichte sein, sondern etwas Tiefsinnigeres. Eine Mischung aus *The Beach* und *Papillon*. Hast du vielleicht eine Idee?«

»Das ist doch wohl dein Job«, sagt Paul.

Und da hat er völlig recht.

Er zwinkert mir zu, und in seinem früh gealterten Gesicht kommt für einen Moment der Einundvierzigjährige zum Vorschein, ein gewöhnlicher Mann, der sich aus schierer Dummheit um sein gesamtes restliches Leben gebracht hat. Ich mag Paul. In einem anderen Leben würden wir vielleicht irgendwo am Tresen stehen und zusammen ein paar Bierchen kippen. *Shit happens.*

»Wie sieht eigentlich dein Alltag hier in Bangkwang aus?«, frage ich ihn geradeheraus. »Ich will dir nicht zu nahetreten, aber ...«

»Nee, nee, kein Problem. Wir sind sechsundzwanzig Mann in einer Zehnerzelle, dreiundzwanzig Thai, zwei Nigerianer und ich«, beginnt Paul. »Wir kacken in ein Loch im Boden, und auf dem Boden pennen wir auch, in Fußketten an einer langen Eisenstange. Wenn einer sich umdreht, müssen die anderen mitmachen. Tagsüber hocken wir im Hof in der sengenden Sonne. Da geht dann das volle Programm ab.«

»Was meinst du damit?«

»Na ja, alles eben. Was denkst du denn, was hier läuft? Hast du noch nie einen von diesen Knastfilmen gesehen? Aber weißt du, was am schlimmsten ist?«

Ich schüttle den Kopf.

»Die Langeweile. Sie ist tödlich. Es gibt nichts zu tun, um die Birne auf Trab zu halten.« Er tippt sich an die Stirn. »Und der Fraß, den sie uns vorsetzen ... Im Knastshop gibt's gute Sachen, aber ...« Mit den Fingern macht er die Pinkepinke-

Geste. »Du siehst ja selbst, dass ich aus dem letzten Loch pfeife.«

Ich will ihm etwas Aufmunterndes sagen, aber mir fällt nichts ein. Plötzlich erwacht hinter ihm der Wachmann zum Leben. Mit hüftsteifen Roboterschritten tritt er heran und legt die Hand auf Pauls Schulter. Und das war's. Die Besuchszeit ist vorüber.

Jetzt geht alles ganz schnell. Paul erhebt sich. Ein letzter Blick, seine Lippen formen ein lautloses *bye*. Wir nicken uns zu, so nah und doch so fern. Ganze Galaxien scheinen zwischen uns zu liegen. Der Wärter führt ihn hinaus.

Puh.

Wie erstarrt sitze ich auf dem Klappstuhl. Ich brauche ein paar Minuten, um mich zu sammeln. Dann erhebe ich mich schwerfällig und trotte über den staubigen Hof, ein durch und durch mieses Gefühl in der Magengegend. Von wegen Buchprojekt. Meine eigene Banalität kotzt mich an.

Ich verschwinde aus diesem Tempel der lebenden Toten und lasse mir im Registrierungscenter den Rucksack zurückgeben. Neben mir stehen Frauen an, um für ihre Männer Geld einzuzahlen. Überlebensgeld für Medikamente und Lebensmittel aus dem Knastshop.

Zigarettengeld.

Ich reihe mich in die Warteschlange ein. Es dauert eine Weile, bis ich endlich dran bin. Als es so weit ist, krame ich den weißen Umschlag aus dem Rucksack und schiebe ihn über den Tresen. Der Beamte öffnet ihn und schaut hinein. Dann hebt er den Blick und starrt mich entgeistert an.

»The money is for Paul Swindon«, sage ich.

Wegen der ungewöhnlich hohen Summe nehmen die nun

folgenden Formalitäten den halben Tag in Anspruch. Mehrmals müssen wir Mister Saragih anrufen, den Mann vom britischen Konsulat. Er leitet alles Nötige in die Wege. Als alles erledigt ist, gehe ich zum Fluss und warte auf das Expressboot. Der Umschlag lag neben mir auf dem Mittelsitz. Ich fand ihn gleich beim Einsteigen in Bombay. Drin lag ein dickes Bündel US-Dollar-Noten. Ich wusste, dass ich das Falsche tue, aber das hielt mich nicht ab. Die Flugzeugkabine wurde zur Kulisse, die Passagiere zu Statisten, ich zum Hauptdarsteller eines fiebrigen Films. Es war der ätzendste Flug meines Lebens. Je länger ich wartete, desto unmöglicher wurde es mir, das Geld zurückzugeben.

Da flirte ich nun seit Jahren mit der Spiritualität, meditiere, mache Yoga, erzähle vom Atmen und Lachen – und dann so was. Bei den Hindus und Buddhisten heißt es, jede Fehltat, jede Lüge, selbst schon ein kleiner hässlicher Gedanke schlage sich negativ auf dem Karma-Konto nieder und wirke sich ungünstig auf das nächste Leben aus.

Wenn es darum geht, das Richtige zu tun, muss man nicht zwingend an das Konzept der Wiedergeburt glauben. Denn eines steht so felsenfest wie der Sockel einer bronzenen Shiva-Statue: Das schlechte Gewissen wirkt bereits in diesem Leben.

ELEPHANT MAN

(Bangkok)

I

Alle schreien durcheinander. Soldaten schieben sich durch das Gewimmel. Die ständigen Durchsagen rauben mir den letzten Nerv. Die Abflughalle steht kurz davor, im Chaos zu versinken.

Ich presse das Smartphone an das eine Ohr, während ich mir das andere zuhalte. »Nair Residence. How may I help you?«, meldet sich eine Männerstimme im rollenden Singsang der Inder. Ich kann ihn nur schwer verstehen, ahne aber, wen ich an der Strippe habe.

»Hallo, mein Name ist Joannis Stefanidis. Ich bin ein Freund von Amy. Ob ich sie bitte sprechen dürfte?«, brülle ich beinahe in das Samsung. Sein Besitzer, ein thailändischer Geschäftsmann im schicken anthrazitfarbenen Boss-Anzug, steht neben mir und schaut schon ganz ungeduldig. Ich muss mich beeilen.

»Oh, du bist es, Joannis«, entgegnet die Stimme. »Amy hat mir von dir erzählt. Ich bin Nikhil, ihr künftiger Ehemann. Amy ist bei meiner Schwester und den Brautjungfern. Ich hole dich nachher am Flughafen ab.«

Ich schaue den Anzugträger an, hebe beschwichtigend die Hand, während ich antworte: »Ich glaube, daraus wird nichts. Irgendwelche Regierungsgegner halten den Flughafen von

Bangkok besetzt. Alle internationalen Flüge wurden gestrichen. Wie es aussieht, komme ich hier so schnell nicht weg.«
»Das habe ich schon befürchtet«, antwortet Amys Verlobter. »Ich habe es gerade in den Nachrichten gesehen. Wirklich schade. Ich habe mich darauf gefreut, dich endlich kennenzulernen, Joannis. Und Amy ist schon ganz aufgeregt, dich wiederzutreffen. Sie wird bestimmt traurig sein.«

Der Anzugträger bedeutet mir, dass er nun endgültig sein Eigentum zurückhaben möchte. Ich nicke. *Klitzekleinen Moment noch.*

»Ja, ich weiß«, rufe ich ins fremde Telefon. »Mir tut es auch leid. Mal sehen, wann der nächste Flug nach Bombay geht. Euer Fest dauert ja ein paar Tage. Aber jetzt muss ich auflegen. Der Typ hier hat's eilig. Alles Liebe für euch. Ich wünsche euch eine superschöne Hochzeit!«

Ich kappe die Verbindung zwischen Thailand und Indien und gebe Mr. Business sein Telefon zurück. »Thank you very much.«

Er bedenkt sich mit einem schmallippigen Lächeln, wendet sich um und taucht mit seinem Rollkoffer im Menschenstrom ab.

Im Suvarnabhumi Airport, einem kreuzförmigen Monstrum aus grauem Stahlbeton und Glas, endlosen Laufbändern und Hunderten von Duty-free-Shops, geht es zu wie in einer Voliere, in der gerade eine Ladung Chinaböller hochgegangen ist. Mehrere Tausend Passagiere aus aller Herren Länder, die längst in ihren Fliegern Richtung Heimat sitzen sollten, wimmeln durcheinander. Niemand weiß, wie es weitergeht. Niemand kümmert sich. Bisher ließ sich nur in Erfahrung bringen, dass die Gelbhemden der *People's Alliance for Democracy* nachts den Flughafen gestürmt haben und seit vier Uhr morgens nichts mehr geht. Mit der Aktion wollen die Gelbhemden anscheinend die Rückkehr des verhassten Ministerpräsidenten Wongsawat verhindern. Nach seiner Reise zum APEC-Gipfel in Peru soll seine Maschine heute in Bangkok landen. Ich muss hier weg, ehe die Lage eskaliert.

»Please go down to level C for the bus service. Buses will take you back to the city. Please go down to level C for the bus service. Buses will take you back to the city ...«

Endlich dringt mir die Ansage ins Bewusstsein. Zeit, die Beine in die Hände zu nehmen.

* * *

In der Gegend rings um den Siam Square geht es ab wie im Bürgerkrieg. Gelbhemden verdreschen Rothemden und umgekehrt, und zwar gnadenlos. Erstere hassen die Regierung, Letztere sind deren Anhänger. Rauchbomben segeln durch die Luft, umgekippte Autos stehen in Flammen, die Rolle von Polizei und Militär ist nicht eindeutig zu erkennen.

In Bangkok kenne ich nur Susan Aldous, die Lachgöttin, und Paul Swindon, den Sträfling. Susan ist leider nicht in der Stadt, und in Pauls Unterkunft möchte ich lieber nicht einchecken. Die Hotels und Guesthouses sind wegen des Airport-Schlamassels komplett belegt. Wo ich auch vorstellig werde, immer heißt es *Sorry, no room have.*

Als wäre das allein nicht schon blöd genug, ist auch meine Planung komplett über den Haufen geworfen. Ursprünglich wollte ich von Bangkok aus nach Deutschland zurückkehren. Wegen Amys spontaner Hochzeit habe ich meinen Rückflug aber kurzerhand ab Bombay umgebucht; er geht in drei Tagen. Schade, ich hätte Amy so gern wiedergesehen. Immer kommt etwas dazwischen. Jetzt geht es nur noch darum, irgendwie nach Hause zu kommen.

Während ich mit geschultertem Rucksack die Rachini Road hinuntermarschiere, auch hier überall Militärfahrzeuge, ist mir noch nicht klar, wo ich die Nacht verbringen soll. Vermutlich in irgendeiner Bar.

An einer hell erleuchteten Jet-Tankstelle sehe ich etwas, das nicht ins Bild passt. Einen riesigen alten, mit bunten Kreidesymbolen bemalten Bettelelefanten. Einsam steht er neben den Zapfsäulen. Im nächsten Moment kommt ein junger schlaksiger Bursche mit kupferfarbenem Haar aus dem Tankstellenshop und beginnt, das Tier mit Keksen zu füttern. Die beiden wirken vertraut miteinander.

In ihrer Einladung erwähnte Amy einen bunt angemalten Elefanten. Schickt meine blinde E-Mail-Freundin mir hier etwa ein Zeichen?

Keine Ahnung.

Ich gehe zu dem Burschen hinüber. »Hi.«

»Hi«, erwidert er teilnahmslos.

Mit mahlenden Kieferbewegungen zermalmt der Elefant die Kekse. Ein gutmütiger Riese. Er sieht müde aus.

»Nice Elephant«, sage ich.

Der Treiber trägt eine zerschlissene Hose und ein offenes Flanellhemd von undefinierbarer Farbe, an den nackten Füßen ausgelatschte Flip-Flops. Lächelnd schiebt er dem Tier die nächsten Leckerlis ins Maul. »Old Elephant«, sagt er. Sein Hemd verströmt Tiergeruch, dazu den von Schweiß und Diesel. »You tourist?«

»Yes, tourist. What's your name?«

»Kyaw.«

»I'm Joe.« Ich reiche ihm die Hand, und dann höre ich mich unvermittelt fragen: »Can I come with you, Kyaw?«

Kyaw schnippt die bis zum Filter heruntergerauchte Zigarette auf den Boden. Die Zapfsäulen stehen keine fünf Meter entfernt. »Why?«

»I need a place to sleep.«

Die Augen des jungen Elefantenmannes flackern. »Thousand Baht?« Unsicher lächelt er mich an. Seine Zähne schimmern hell im dunklen Gesicht.

Normalerweise bekommt man für diese Summe ein nettes Doppelzimmer mit Bad und Balkon in Bangkok. Aber was ist heute Nacht schon normal?

»Okay«, besiegele ich unseren Deal.

»Let's go«, sagt Kyaw. »Sleeping place far away.«

Mit seiner Bambusrute schlägt Kyaw dem Elefanten aufs fette graue Hinterteil. Der Koloss setzt sich in Bewegung, watschelt über die Tankstellenausfahrt auf die Fahrbahn der vierspurigen Verkehrsstraße. An seinem Schwanz baumelt ein rotes Katzenauge. Gemächlich, aber unaufhaltsam stapft der Dreitonner die Straße hinunter; neben ihm brausen die Autos vorbei.

Offiziell sind Bettelelefanten in Bangkok verboten, doch sie werden geduldet, allen Protesten von Tierschützern zum Trotz. Ab und an sieht man einen bei brütender Hitze an einer Straßenecke stehen, umweht von Abgasen, verloren im lärmenden Dschungel der Großstadt. Gegen ein Entgelt darf man die Tiere mit Zuckerrohr füttern und sich mit ihnen fotografieren lassen.

»You come from Bangkok?«, frage ich Kyaw, nachdem wir eine Weile neben dem Koloss hermarschiert sind. Er schüttelt den Kopf. »Cambodia.« Er deutet auf den Elefanten. »He name Jabo.«

»Why did you come to Thailand?«, frage ich ihn. Kyaw steckt sich die nächste Zigarette an, während ich einen Schluck aus meiner Wasserflasche trinke. Neben uns knattern die Autos durch die Nacht.

»Me working on shooting range. Boss want Jabo shoot. Me and Jabo run.«

Klingt nach einer abenteuerlichen Geschichte. Der Junge rettet seinen Elefanten vor der Erschießung und flieht mit ihm nach Thailand. Die *shooting ranges* in Kambodscha sind berüchtigt. Gegen harte Dollars darf man dort mit Kalaschnikows bis hin zu Raketenwerfern auf alles schießen, was vier Beine hat. Das Geschäftsmodell lautet: Je größer das Tier, desto höher der Preis. Vor allem US-Veteranen aus dem Vietnamkrieg nutzen das Angebot gern. Dass man auch Elefanten schießen kann, höre ich allerdings zum ersten Mal.

Irgendwann biegen wir in eine Gasse ein, an deren Ende sich eine viel befahrene, achtspurige Schnellstraße befindet. Als wäre es eine friedliche Lichtung im kambodschanischen Dschungel, stapft Jabo seelenruhig auf die Fahrbahn und überquert sie. Wir gehen neben ihm her, geschützt durch die massige Präsenz des alten Elefanten. Auf der anderen Straßenseite verschwinden wir dann in einem Gassenlabyrinth, ziehen an schmucklosen vierstöckigen Wohnblöcken vorbei. In vielen Fenstern brennt noch Licht.

Nach einer Weile erreichen wir einen Platz, über dem sich drei von mächtigen Betonpfeilern getragene Stadtautobahnen kreuzen. Die Autos scheinen den Anwohnern mitten in die Wohnzimmer zu rasen. Auf einem kleinen Areal stehen ein paar mickrige Bäume und Sträucher, auf die das gelbe Licht der Autobahnbeleuchtung herabfällt.

Ganz offenbar ist das der Schlafplatz der Bettelelefanten. Kyaw führt Jabo darauf zu. Wir passieren eine Art Eingang zwischen den Bäumen. Dahinter sitzen Männer an Feuerstellen und bereiten Mahlzeiten zu. Unter dem Autobahnkreuz stehen ein Dutzend Wellblechhütten; aus einigen fällt Fernsehlicht. Von irgendwoher weht Musik heran, das an- und abschwellende Verkehrsrauschen verschluckt sie immer wieder.

Ringsum zeichnen sich die schwarzen Silhouetten von Elefanten ab, die hier ihren wohlverdienten Feierabend genießen. Einige lehnen an Betonpfeilern, andere liegen weiter vorn im Unkraut, inmitten von Zuckerrohrresten, zertrümmerten Hölzern und Plastikmüll.

Vor einem winzigen Wellblechverschlag bleiben wir stehen. »Sleeping place«, erklärt Kyaw.

Ich stelle meinen Rucksack ab und blicke mich um. »What about you?«

Kyaw deutet auf eine zwischen zwei Tonnen gespannte Hängematte. Der riesige Jabo lässt sich daneben nieder.

»Me eating«, sagt Kyaw und macht die universelle Ess-Geste. »You?« Er deutet auf mich.

Wir sind bestimmt anderthalb Stunden durchs nächtliche Bangkok marschiert, und mir knurrt der Magen. »Yeah, I'm hungry.«

Kyaw bedeutet mir, mich auf einen Plastikschemel zu setzen, dann verschwindet er in seinem Verschlag und kehrt gleich darauf mit einem Wok zurück. Mit wenigen Handgriffen richtet er die Feuerstelle her, und in null Komma nichts brutzeln über den Flammen Sojasprossen, Gemüse und etwas, das ich mir im diffusen Dunkel lieber nicht genauer anschauen möchte. Kyaw macht das schon. Aus einem Behälter löffelt er Klebreis auf zwei Teller, dazu den Inhalt des Woks. Wo die beiden Chang-Biere herkommen, die plötzlich vor uns stehen, ist mir schleierhaft. Sie sind eiskalt. Wir öffnen die Dosen und stoßen an. Köstlich. Dann schlagen wir uns erst mal den Bauch voll. Wow. Der Junge kann kochen.

Nach dem Essen fische ich einen Tausender aus meinem Portemonnaie und reiche ihn dem jungen Kambodschaner. »For you, Kyaw.«

Kyaw hebt die Hände, die Handflächen nach außen. »No money want. You good man.«

Ich schüttle den Kopf.

»No. *You* are a good man. I'm just a tourist. Take the money, please.« Ich sehe Kyaw eindringlich an, halte ihm den Schein hin, aber er lacht nur und winkt ab. Statt mein Geld zu nehmen, drückt er mir eine kleine Taschenlampe in die Hand und deutet auf den Wellblechverschlag. »Sleeping.«

Ich stecke das Geld wieder ein. Gegen eine Mütze Schlaf habe ich ganz und gar nichts einzuwenden. Ich bin hundemüde. Es war ein langer Tag in einer Stadt im Ausnahmezustand. Und morgen geht der Wahnsinn weiter. Ich nehme die Taschenlampe, erhebe mich und ziehe das Stofftuch vor dem Eingang von Kyaws Behausung zur Seite. Ich drehe mich noch einmal um. »Good night, Elephant Man.«

Kyaw lacht und winkt. »Good night.« Dann geht er zu seiner Hängematte und macht es sich gemütlich, in einer Hand das Chang, in der anderen eine brennende Zigarette. Neben ihm liegt Jabo, ein dunkler, rundlicher Fels in der Nacht. Tier und Treiber in trauter Eintracht. Ein Bund fürs Leben. Ich überlege, ob ich auch noch eine rauchen soll, beschließe aber, es bleiben zu lassen. Stattdessen ziehe ich den Kopf ein und quetsche mich mit meinem Rucksack in Kyaws Villa.

Der Lichtkegel seiner Taschenlampe fällt auf eine schmale Matratze und einen aufgeklappten DVD-Player, auf Plastiktüten mit Klamotten. Eine umgekippte Pepsi-Dose, darauf das Messi-Konterfei. Kerzenstummel, Streichhölzer.

Also dann. Ich streife die Schuhe ab. Das dünne indische Baumwolltuch, das ich aus meinem Rucksack ziehe, dient mir als Decke. Ohne kann ich nicht schlafen, egal wie heiß es ist. Nach einem letzten Schluck Wasser lösche ich das Licht.

Die Matratze, auf die ich meine müden Knochen bette, ist eigentlich nur eine dünne Bambusmatte auf blankem Beton. Im Dunkeln dröhnen die Autos über mir doppelt so laut. Ich weiß, dass es nur Einbildung ist, aber trotzdem. Wie soll man bei dem Krach zur Ruhe kommen? Mir fällt das Gleichnis eines alten Zen-Meisters ein. *Der Schüler fragt: Meister, ich wohne an einem reißenden Fluss. In meinem Haus ist es zu laut, um zu meditieren. Der Meister antwortet: Wenn du die Stille suchst, suche sie nicht in der Welt. Die Stille ist in dir.*

Also gut. Ich versuche, mich auf den Punkt unter meiner Nase zu konzentrieren, die Stelle, wo der Atem die Haut berührt. So recht will es mir nicht gelingen. Das ging schon mal besser. Hellwach liege ich da, gleichzeitig bin ich total groggy. Bilder der letzten Tage und Wochen rasen vor meinem inneren Auge vorbei, mein Verstand und mein Herz kommen kaum hinterher.

Plötzlich fallen mir Kyaws Worte ein.

You good man, hat er gesagt.

Es war nett von dir, das zu sagen, Kyaw. Aber weißt du was? Ich bin auch nur ein ganz normaler Typ. Ein Mensch mit Fehlern. Ein Mensch, der sich seinen Weg durch dieses Schlamassel namens Leben zu bahnen versucht. Genau wie du. Genau wie alle anderen auch.

Ich stemme mich wieder hoch. Vielleicht hat Kyaw ja noch ein Bier für mich.

CHANTALS METHODE

(Berlin)

Ich hasse Spritzen. Allein die Vorstellung, eine winzige Kanüle in den Arm oder sonst wohin gejagt zu bekommen, verursacht mir feuchte Hände. Beim Zahnarzt muss mir die Helferin während der Schmerzspritze die Hand halten, und beim bloßen Gedanken an eine Blutabnahme wird mir schwindelig.

Kurz: Ich bin ein Schisser, wenn es um Spritzen geht. Ich bin bereit, zuerst viele andere Schmerzformen zu ertragen (Zahnschmerzen ausgenommen), ehe ich mich mit einer Nadel malträtieren lasse.

Und aus genau diesem Grund sitze ich nun mit heruntergelassener Hose auf Chantal Schwarzmanns Massagebank und harre der Dinge, die da kommen mögen. Ein bisschen mulmig ist mir schon.

Chantal nimmt ein Fläschchen aus dem Regal, kehrt damit zur Massagebank zurück und schüttet mir ein paar Tropfen Tinktur aufs Knie. Massiert es. Kräftig. Schmerzhaft kräftig. Ihre Finger wühlen sich geradezu in das Gelenk. Und die Tinktur stinkt schlicht erbärmlich.

»Was ist das für Zeug?«, stöhne ich.

»Betriebsgeheimnis.«

Mein Knie wird warm, dann heiß. An der Fensterscheibe der kleinen, im Erdgeschoss gelegenen Praxis laufen Regenrinnsale herab. Mir perlt der Schweiß über das Gesicht. Draußen dunkelt es schon, obwohl es erst halb fünf ist. Nach der Massage zaubert Chantal zwei dünne Holzstöcke hervor. Sind das Essstäbchen? Breitbeinig baut sie sich vor mir auf. Kräftige Unterarme ragen aus ihren hochgekrempelten Trainingsjackenärmeln. Das kurze, rot gefärbte Haar umrahmt ihr pausbäckiges Gesicht, das etwas nichtssagend in die Welt schaut. Aber das ist nur Tarnung. Blöd kommen darf man Chantal nicht. Seit zwanzig Jahren macht sie Kung-Fu. Sie lächelt. In ihren Augen flackert ein kaltes, unbarmherziges Licht.

»Bereit?«

»Ja«, stammle ich.

Es geht los. Mit den Stöckchen beginnt Chantal mir auf das verletzte Knie zu trommeln. *Zeng. Zeng. Zeng.* Kurze, harte Schläge aus dem Handgelenk. *Zeng. Zeng. Zeng.* Jeder Schlag ein sengender Stich. *Zeng. Zeng. Zeng.* In Sekundenschnelle ist mein Knie feuerrot.

Zeng. Zeng. Zeng. Zeng. Zeng. Zeng.

Oh, shit, es zeckt mörderisch.

»Ist es schön?«, fragt Chantal.

»Mhm«, presse ich hervor.

»Okay, dann fange ich jetzt richtig an.«

Was?

Ehe ich lange überlegen kann, was das bedeuten mag, schwimme ich auch schon in einem Ozean der Schmerzen. Ich komme mir vor wie bei der Inquisition anno 1387, vor mir Frau Bullberg-Schnaubenhahn vom Verband der mecklenburgischen Gewichtheberinnen in der Rolle des erzkatholischen Folterknechts. *Ich gestehe,* möchte ich brüllen, *die Erde ist eine Scheibe!* Aber Chantal würde mich gar nicht hören. Sie ist völlig in sich versunken, scheint gar nicht mehr aufhören zu wollen, mit ihren Sado-Sticks wie bescheuert auf mein Knie einzudreschen. Ich knirsche mit den Zähnen, meine Augen schwimmen in Tränen. Oh, Gott.

Kann eine Arthroskopie wirklich schlimmer sein?

– *Meniskopathie des Innenmeniskushinterhorns Grad III mit deutlich schräg horizontalem degenerativem Riss*
– *Mäßiger Gelenkerguss sowie mittelgroße Baker-Zyste*

So lautete Professor Clooneys Diagnose im MLK, der Klinik im feinen Grunewald. Er sah beeindruckend gut aus, der Chirurg. Typ Segelbootbesitzer. Bestimmt spielt er Tennis und lässt sich regelmäßig auf Sylt die gute Luft um die Nase wehen. »Ein Meniskusriss verheilt nicht von selbst«, sagte er. »Man muss das beschädigte Knorpelgewebe herausschälen. Sonst vergrößert sich der Riss, und es kommt zur chronischen Entzündung des Gelenkapparats.«

»Der Eingriff erfolgt unter Vollnarkose?«, fragte ich leise. »Mit Spritzen und so?

Clooney nickte. »Das Narkosemittel wird durch eine Infusionsnadel verabreicht. Dann folgt die Arthroskopie, ein minimalinvasiver Eingriff, überhaupt kein Problem.« Er klang richtig begeistert.

Dass er so gut drauf ist, wundert mich nicht. Es heißt, die Hälfte seiner Patienten seien reiche Russen und noch reichere Saudis. Er gilt als Koryphäe. Ich für meinen Teil bin nicht mal wohlhabend. Es war meine Versichertenkarte, die mich in Clooneys Sprechstunde zauberte, nicht meine Geldkarte.

»Im Idealfall sind Sie nach einigen Stunden wieder zu Hause«, fuhr er fort. »Falls Sie einen Katheter im Knie benötigen, damit die restliche Gelenkflüssigkeit abfließen kann, bleiben

Sie eine Nacht bei uns. Hinterher gibt es noch ein paar Thrombosespritzen. Aber das erledigen Sie dann zu Hause.«

»Wie, ich soll mir selbst Spritzen setzen?«, fragte ich beklommen.

Clooney nickte erneut.

Das gab mir den Rest.

Ich ging zu Chantal. Sie will meinen Meniskusriss mit Thie Ta Tuina heilen, der traditionellen Heilmethode aus dem chinesischen Kung-Fu. Die Idee: Mit gezielten Schlägen den Stoffwechsel in der verletzten Stelle anregen und die Selbstheilungskräfte aktivieren. So haben es die Kampfmönche früher gemacht, und ihre Methode hat anscheinend oft genug funktioniert.

Clooney sagt, das könne nicht klappen.

Schulmedizin versus chinesische Heilkunst. West gegen Ost.

Ich stehe auf die originalen Bruce-Lee-Filme aus den Siebzigern, und womöglich verspürte ich wegen der Kung-Fu-Assoziation sogleich eine gewisse Affinität, als ich von Thie Ta Tuina hörte. Chantal hat es bei einem Großmeister namens Aw Kheng Loong gelernt, in Malaysia.

»Bereit für die nächste Runde?«, fragt mich die stämmige Kung-Fu-Lady nun, wieder das blaue Frostlicht in den Augen.

Ich nicke beklommen. Draußen ist es mittlerweile stockfinster. Der Regen trommelt ans Fenster.

Die Folter beginnt von Neuem.

Die Knie-Malaise habe ich mir unlängst im südindischen Mysore zugezogen, im dortigen *Raja Ashtanga Yoga Ashram*. Ich hatte mir in den Kopf gesetzt, ein Superyogi zu werden. Ich wollte mich verrenkungstechnisch so richtig auf Vordermann bringen, und in Mysore, der »Yoga City«, fand ich mich im Reich der Schlangenmenschen und Zirkusartisten wieder. Um eine kleine Vorstellung davon zu vermitteln: Steve aus Seattle schlang sich die Beine hinter den Kopf und betete eine halbe Stunde in dieser Position. Joyce, ebenfalls aus den USA, machte Kopfstand, *ohne* sich mit den Händen abzustützen. Lalita wiederum stand auf nur einer Hand, streckte minutenlang ihren Körper zur Seite und lächelte dabei wie in einem Werbespot.

Im *Raja Ashtanga Yoga Ashram* war ich eindeutig fehl am Platz. Wenn es um Yoga geht, bin ich bestenfalls ein fortgeschrittener Anfänger. Ich wollte zu viel zu schnell. Und so kam es, wie es unweigerlich kommen musste.

Die Übung, die meinem Knie zum Verhängnis wurde, heißt »Janu Sirsasana«, die Kopf-zum-Knie-Stellung. Am Boden sitzend, ein Bein ausgestreckt, das andere angewinkelt, ließ ich meinen Hintern vorsichtig auf die Ferse des angewinkelten Beins herabsinken. Zu tief offenbar, da es auf einmal höchst unangenehm pikte, und plötzlich war es, als hätte mir jemand eine glühende Klinge ins Knie getrieben.

Mein lauter Aufschrei verhallte, ohne dass auch nur jemand den Kopf gehoben hätte. Niemand schenkte mir die geringste Beachtung. Die anderen Yogis waren mit sich selbst beschäftigt. Der Lehrer, Sanjay, las Zeitung.

Im Ashtanga-Yoga macht nämlich jeder sein eigenes Ding. Es gibt keinen Lehrer im klassischen Sinn, der den Schülern etwas vorturnt. Ab und an erhob sich Sanjay und schlenderte durch den nach Schweiß riechenden Raum, gab den Yogis Tipps und nahm kleine Korrekturen vor; ansonsten ließ er uns einfach machen.

Plötzlich stand er doch vor mir und sah aus seinen großen braunen Augen auf mich herab. »Are you okay?« Ich schüttelte den Kopf. »No, I'm not okay. My knee is fucked.«

* * *

Berlin im November ist kein Zuckerschlecken. Ein bleierner Himmel hängt über der Stadt wie eine Depression. Kalter Wind weht das Laub durch die Straßen. Die Leute halten die Köpfe gesenkt, keiner sieht den anderen an. Ich hingegen bin allerbester Stimmung. Ich könnte singen und tanzen vor Freude. Letzteres lasse ich aber lieber bleiben. Als ich mich samt meiner Klinik-Krücken mit dick bandagiertem Knie ins Auto eines Freunds setze, sind seit der OP keine drei Stunden vergangen.

Professor Clooney hatte die letzte MRT-Aufnahme in den Lichtkasten gehängt und minutenlang betrachtet. Es war unsere erste Begegnung seit acht Wochen.

»Der Riss ist unverändert«, sagte er. »Er ist nicht kleiner geworden.« Die himmelblauen Professorenaugen blickten mich ungerührt an. »Wenn Sie mit Ihrem Sohn herumtoben und Fußball spielen möchten, dann lassen Sie sich endlich operieren. Alles andere wäre fahrlässig. Falls diese Dame mit ihrer Kung-Fu-Methode einen Meniskusriss heilen könnte, hätte sie dafür längst den Nobelpreis erhalten.«

Ich musste einsehen, dass das Thie-Ta-Tuina-Experiment gescheitert war.

Schade, Chantal, den Nobelpreis hätte ich dir gegönnt. Und mir ein gesundes Knie ohne Schnippelei.

171

So legte ich mich nach mehrwöchiger Prügeltherapie schließlich doch unters Messer. Die Beruhigungspille davor war der Hammer. Wirklich sehr, sehr angenehm. So angenehm, dass ich die Infusionsnadel überhaupt nicht bemerkte.

Und noch etwas: Statt mir danach tagelang die Thrombosespritzen in den Bauchspeck zu jagen, schütte ich täglich sechs Liter Wasser in mich hinein. Hat denselben Effekt. Wie gesagt, ich bin ein Spritzenschisser.

* * *

Nach elf Tagen fing ich wieder an zu joggen.
Mein Punkt geht an den Westen.

HEISS WIE EIN VOLKAN

(Nilambe – Singapur – Kandy)

4:50 Uhr. Die Morgenmeditation beginnt in zehn Minuten. Wie in Trance krieche aus dem Schlafsack und steige in die Schlabberhose. Draußen ist es stockduster. Im Schein meiner Taschenlampe torkele ich zum Waschbecken; es befindet sich gleich ums Eck an der Außenmauer des winzigen Steinhäuschens. Zähneputzen, ein paar Wasserspritzer ins Gesicht und los geht's.

Mit mir schlurfen noch ein paar andere in Wolldecken gehüllte Gestalten durch die Dunkelheit. Eine erste Ahnung der Morgenröte schillert hinter den Bergen, aber das Tal am Fuße des Nilambe Mountain liegt noch in völliger Finsternis.

Als ich die Meditationshalle betrete, leuchtet der längliche Raum im Kerzenschein. Ein Weihrauchstäbchen verströmt Wohlgeruch. Die weiße Buddhastatue vorn auf dem kleinen Altar grüßt mit schweigender Anmut. Davor sitzt Uphul, Nilambes neuer spiritueller Leiter, in ein weißes Tuch gehüllt, die Augen geschlossen, ein Lächeln auf den Lippen, wie einst sein Vorgänger, der verstorbene Godwin Samararathne.

An meinem Platz am Fenster lasse ich mich auf das Sitzkissen sinken und verschränke die Beine, rutsche ein wenig herum, um die richtige Position zu finden.

Dann erscheint sie, die Frau mit den atemberaubenden Wangenknochen. Einen purpurnen Paschminaschal um die

Schultern gelegt, schreitet sie durch den Raum. Die Glöckchen an ihren silbernen Fußketten bimmeln leise, Herolde ihrer Ankunft. Ihr kastanienbraunes Haar ergießt sich in wallenden Kaskaden über ihre Schultern, unter ihrem orangefarbenen Wollpulli zeichnen sich wunderschön gewisse Rundungen ab. In einer fließenden Bewegung lässt sie sich neben mir aufs Kissen sinken und verschlingt die langen Beine zum perfekten Lotossitz. Ihre türkisfarbenen Augen schimmern, als sie mir lächelnd einen Seitenblick schenkt. Ich lächle zurück. Dann wendet sie den Kopf und beginnt zu meditieren.

Seit Jahren zieht es mich immer wieder in das *Nilambe Buddhist Meditation Centre* zurück. Hier oben gibt es nur die Natur der ceylonesischen Berge und den Frieden der buddhistischen Lehre. Bei meinem ersten Aufenthalt in Nilambe hatte ich eine außerkörperliche Erfahrung, etwas, das ich niemals vergessen werde. Während der Meditation blickte ich auf meinen sitzenden Körper herab wie auf den eines Fremden. Es mag übertrieben klingen, aber mir kam es vor, als befände ich mich an einem Ort irgendwo außerhalb von Raum und Zeit. Seitdem meditiere ich beinahe täglich, ohne Firlefanz, manchmal nur ein paar Minuten, manchmal eine ganze Stunde. Es hilft mir.

Aber diesmal ist in Nilambe alles anders.

Während ich dasitze und versuche, mich auf meinen Atem zu konzentrieren, kreisen meine Gedanken nur um *sie*.

Ich schlage die Augen auf, schiele zu ihr hinüber. Still und erhaben sitzt sie neben mir, eine Statue, der Rücken kerzengerade, die Augen geschlossen, das schöne Profil tiefenentspannt. Spürt sie meinen Blick? Weiß sie, dass sie in meinem Kopf herumspukt?

Vielleicht zehn, zwölf Leute sind anwesend, die meisten Europäer, ein australisches Pärchen, ein, zwei Einheimische. Einige von ihnen schreiten in Zeitlupe über die Bambusmatten, *walking meditation*. Jeder ihrer Schritte ist ein Ereignis, ein Triumph der Schwerkraft über die Zeit. Uphul sitzt vor dem Altar wie in Stein gemeißelt. Jenseits der Fenster kriecht fahles Licht in die Dunkelheit, die ersten Vögel zwitschern. Seufzend schließe ich wieder die Augen und richte meine Aufmerksamkeit auf den Punkt unter der Nase.

Don't be a Buddhist, sagte Godwin einst. *Just be.*

Okay, mach ich.

Nach einer gefühlten Ewigkeit beendet schließlich ein heller Glockenton die Session. Als ich die Augen öffne, ist der Platz neben mir leer. Alle recken und strecken sich, gähnen, hieven sich von den Sitzkissen, schütteln die Beine aus und staksen nach draußen. Beim Aufstehen fällt mir ein Zettel vom Schoß. Ich hebe ihn auf und lese im Kerzenschein:

Hello Mister,
ich brauche eine Pause von Nilambe. Hast Du Lust, nach dem
Frühstück nach Kandy runterzufahren? Ich möchte ein, zwei
Tage die Stadt erkunden.

Isabel

So heißt du also. Okay. Schön, dich kennenzulernen, Isabel.

Vor drei Tagen, abends in der mittelalterlichen Küche bei schummrigem Kerzenlicht, schneite sie aus dem Nichts herein. Wir saßen um den großen Feuerofen und aßen Hartbrot, und plötzlich stand sie da, eben erst in Nilambe eingetroffen. Sie setzte sich mir gegenüber hin, schaute mich an, ich schaute zurück. Seither flirten wir mit Blicken. Gesprochen haben wir noch kein einziges Wort. In Nilambe herrscht ja das Schweigegebot. Nur beim Nachmittagstee darf man sich unterhalten, doch da war Isabel nie anwesend. Und nun der Zettel.

Bei Arivinde, einem der beiden Köche, hole ich meinen Tee und gehe mit dem dampfenden Becher nach draußen. Dunstschwaden verschleiern die kühle Luft, die Morgenröte hinter den Bergen ist keine Ahnung mehr, sondern ein karmesinrotes Versprechen. Schade, dass Subhuti, der amerikanische Mönch, nicht mehr da ist. Nach der Morgenmeditation haben wir oft auf der Bank gesessen und uns unterhalten. »Mach einfach ›puh‹«, sagte er einmal und sprach von dem Frieden, der danach für einige Sekunden im Kopf herrscht.

Ich bleibe stehen und lese Isabels Zettel noch mal. *Hast du Lust, nach Kandy runterzufahren? Ich möchte ein, zwei Tage die Stadt erkunden.*

Man kann mir ja so einiges nachsagen, aber ganz blöd bin ich nicht. Ein Gedanke ergreift ungeniert Besitz von mir.

Gefrühstückt wird vor der Küche auf Steinbänken. Es gibt Haferbrei mit Banane und Datteln. Wir essen schweigend. Isabel sitzt etwas abseits im langärmeligen lindgrünen Leinenkleid, um die Schultern den Schal, an den Füßen weinrote Adidas-Spezial. Sie sieht hinreißend aus. Als sie aufschaut, nicke ich ihr zu und deute zur Steintreppe, die zum Pfad hinabführt.

Isabel lächelt.

In der Küche spüle ich rasch meinen Teller ab, dann mache ich mich auf den Weg zu meinem Date.

Unten an der Treppe warte ich auf sie, und es dauert nicht lange, ehe die Schöne die Stufen herabgestiegen kommt.

»Hallo, Isabel. Schön, dich kennenzulernen«, begrüße ich sie. »Ich bin Joannis, aus Germany.«

Wir reichen uns die Hände. Sie schaut mich aus ihren türkisfarbenen, leicht schräg stehenden Augen an. Ihre hohen Wangenknochen wirken slawisch, ihre schmale, elegante Nase ist die einer Aristokratin, ihr Gesicht offen und freundlich.

»Ich finde es auch schön, dich kennenzulernen«, sagt sie. »Ich stamme aus Slowenien, aber lebe in Paris.«

Zum ersten Mal höre ich ihre Stimme, sie ist hell und dunkel zugleich, ihr Englisch gefärbt von einem schönen Akzent.

»Ah, die Stadt der Liebe«, entgegne ich.

Isabel lacht und wirkt dabei sogar noch einen Tick schöner.

»Genau«, haucht sie. Erst jetzt lösen wir unsere Hände voneinander.

Hinter den Bergen ist die Sonne aufgegangen und überflutet uns mit goldenem Licht. Es wird warm. Irgendwo miaut eine Katze. »Wollen wir los, Kandy erkunden?«, sage ich und deute auf den Pfad, der in endlosen Windungen vom Nilambe Mountain hinunterführt.

Als wir nach einer Dreiviertelstunde die Straße erreichen, habe ich erfahren, dass Isabel aus Ljubljana stammt, dass sie seit drei Jahren in einer winzigen Zweizimmerwohnung in Bastille wohnt und als Model arbeitet. Das Geld, das sie damit verdient, hält sie zusammen, um ihr demnächst beginnendes Studium am *Conservatoire National Supérieur d'Art Dramatique* zu finanzieren, der bedeutendsten Schauspielschule Frankreichs. Größen wie Jeanne Moreau, Juliette Binoche und Isabelle Adjani hätten dort ihre Kunst erlernt.

»Was zieht ein Pariser Model zum Meditieren nach Sri Lanka?«, frage ich sie, während wir auf die Nilambe Junction zuschlendern, die Bushaltestelle. Davor steht ein einsames Tuk-Tuk. Während wir nebeneinander hergehen, berühren sich unsere Arme.

»Meine Freundin Audrey meditiert. Sie hat mir von Nilambe erzählt, und ich wollte es mal ausprobieren. Und was zieht einen Berliner Schreibtischhengst zum Meditieren nach Sri Lanka?«

»Eine Menge. Lass uns das Tuk-Tuk nehmen, ich erzähle es dir während der Fahrt.« Dann, zum Tuk-Tuk-Fahrer gewandt: »How much to Kandy?«

»1000 Rupees.«

»200.«

»800.«

»300.«

»500.«

»Okay.«

Isabel und ich quetschen uns auf die schmale Rückbank. Der Fahrer, ein junger Singhalese mit halblangem schwarzen Haar und schiefer Nase, wirft den Motor an. Knatternd setzt sich das Tuk-Tuk in Bewegung.

In engen Serpentinen geht es immer bergab, vorbei an Teeplantagen, Reisfeldern, bewaldeten Hängen und winzigen Dörfern. Plötzlich halten wir an. Der Fahrer deutet nach vorne auf die Straße. »What to do?«, sagt er schulterzuckend.

Stimmt, da kann er nichts machen. Über seine schmalen Schultern hinweg blicken wir auf zwei Urzeitmonster. Zwei dunkelgraue gehörnte Wasserbüffel, die uns den Weg versperren. Sri Lankas Lieblingshaustier.

Isabel und ich schauen uns lachend an, dann treibt ihr Besitzer die Viecher weiter.

Als wir Kandy fast erreicht haben, stehen wir mit einem Mal im Stau und atmen Dieselschwaden.

»Schrecklich!«, lacht Isabel und zieht den Schal über Mund und Nase, nur um mir gleich darauf das Ende des Schals hinzuhalten. Wir rutschen eng aneinander, atmen durch den fein gewebten Stoff.

Während wir, eingekeilt von Bussen und Lastern, darauf warten, dass es weitergeht, taste ich nach den Pillen in meiner Hosentasche. Ich weiß nicht, ob ich mich freuen oder bemitleiden soll. Aber ich besitze die Dinger nun mal, und sie wegzuschmeißen wäre doch schade.

Vielleicht wäre heute Abend ein guter Zeitpunkt für einen Selbstversuch. Vielleicht.

Auf dem Bahirakawanda-Berg thront eine kolossale, schneeweiße, dreißig Meter hohe Buddha-Statue. Der Tuk-Tuk-Fahrer setzt uns davor ab. Als wir die endlosen Stufen erklommen haben, treten wir ein wenig atemlos an die Steinbrüstung der Aussichtsplattform und folgen dem Blick des Buddha auf das Gassengewirr namens Kandy.

»Siehst du den See dort?«, sage ich, bin aber in Gedanken ganz woanders.

»Ist ja nicht zu übersehen«, erwidert Isabel.

»Den ließ 1812 der letzte singhalesische König anlegen.«

»Wie schön, Herr Reiseführer. Und was ist das daneben, das große Gebäude mit dem Pagodendach?«

»Der *Sri Dalada Maligawa*, der Zahntempel. Angeblich liegt dort ein Zahn des Buddha«, sage ich. »Es heißt aber, in Wahrheit handele es sich um einen Büffelzahn. Die Touristen bekommen jedenfalls nur den vergoldeten Reliquienbehälter zu sehen.«

»Echt?«, sagt Isabel. Sie strahlt wie der blaue Himmel über uns. Es ist angenehm warm, nicht zu heiß. Ein herrlicher Tag. »Wollen wir los, uns ins Gewimmel stürzen?«

* * *

Auf der Veranda des Old Empire Hotel duftet es noch immer nach Weihrauch – vorhin haben die Hotelangestellten eine kurze *puja* durchgeführt, die buddhistische Version der Abendandacht, die fester Bestandteil des singhalesischen Alltags ist. Ein schöner Tag geht zu Ende. Es ist spät geworden. Der See vor der winzigen Herberge liegt in tiefer Dunkelheit. Und wie geht es jetzt weiter? Isabel und ich haben das letzte freie Zimmer bekommen.

Vor einer halben Stunde habe ich die beiden Pillen eingeworfen, eine Viogra und eine Snovitra, indische Kopien europäischer und amerikanischer Potenzpillen. Doppelt hält besser, denke ich mir. Was mich treibt? Vielleicht die Angst des Mannes, im entscheidenden Moment an Wackelpudding zu denken. Ich will gewappnet sein. Manchmal kann eine Frau nämlich auch *zu* schön sein, wenn Sie verstehen, was ich meine. Bisher merke ich aber noch nichts.

Wir haben die kleine, im ersten Stock gelegene Veranda ganz für uns allein. Der barfüßige Kellner gleitet über den polierten Mahagoniboden zu uns heran. »Last round«, verkündet er mit einem müden Lächeln. Er will Feierabend machen.

Er stellt zwei frische Singapore Slings auf den Tisch zwischen unseren Feigenholzsesseln. Es ist unsere vierte Runde. Wir heben die Gläser und stoßen an.

»Wie kommst du eigentlich auf den Drink?«, fragt Isabel

und lässt sich zurücksinken. Ihr Schlafzimmerblick raubt mir fast den Verstand.

Und plötzlich ist es da. Die Chemiekeule schlägt an. Ich spüre die Hitze im Körper, meinen Herzschlag, Schweiß tritt mir auf der Stirn. So fühlt sich das also an. Puh. »Ich war neulich in Singapur«, presse ich rau hervor. »Ist der Nationalcocktail.« Dann, befeuert vom Gin, platzt es aus mir heraus. Sie muss einfach raus, die Story von Captain Volkan und seiner Stewardess Karina. »Isabel, hast du Lust, eine kleine Geschichte zu hören …?«

* * *

In der *Daily Mail* steht, Sri Lankas Billig-Airline *Mihin Lanka* fliege fortan auch Singapur an. Der Einweihungsflug in zwei Tagen koste sechzig Dollar. Hin und zurück. Singapur? Dort war ich noch nie. Warum nicht ein kleines Kontrastprogramm, ehe ich zum Meditieren in Nilambe einchecke?

Die Maschine ist fast leer. Kurz nach dem Start in Colombo erscheint die türkische Stewardess. »Entschuldigen Sie, Sir, darf ich Ihnen ein kostenloses Upgrade anbieten? Sie können gerne in der Businessclass Platz nehmen.«

Der Ledersessel ist superbequem. So würde ich gern öfter fliegen, denke ich bei mir, als die Stewardess gleich wieder zurückkehrt. Diesmal fragt sie: »Haben Sie Lust auf Champagner?«

Ich nicke begeistert. Das wird ja immer besser.

»Darf ich?« Sie deutet auf den Sessel neben mir.

Sie darf.

Sie setzt sich zu mir, selbst ein Gläschen in der Hand, und ich erfahre, dass sie Karina heißt, dass die Mihin-Lanka-Flotte nur aus dieser einen Maschine besteht und dass das Flugzeug samt Crew aus der Türkei geleast ist.

»Haben Sie Lust, den Piloten Hallo zu sagen?«, fragt Karina und blinzelt mich aus ihren dunkelbraunen Augen an.

Gebongt.

Ich folge ihr zum Cockpit. Sie stößt förmlich die Tür auf. Der Captain und sein Copilot wenden die Köpfe und bedeuten mir einzutreten, reichen mir die Hand. »Setz dich doch«, sagt der Chef und deutet auf einen Klappsitz.

Die Aussicht ist zum Niederknien. Unten das Bengalische Meer, oben das Dunkel des Weltraums, dazwischen die schneeweißen Wolkenberge.

Nach ein, zwei Handgriffen und einem kurzen Wortwechsel mit dem Copiloten wendet sich der Captain zu mir um. »So, jetzt habe ich Zeit für dich. Mein Name ist Volkan. Wie heißt du?«

Captain Volkan ist Anfang sechzig, ein massiger Mann mit dichtem schwarzen Haar und feurigen Augen, in denen der Schalk blitzt. Beim Sprechen funkeln seine Goldzähne, sein breiter Schnurrbart bebt.

Ich nenne ihm meinen Namen. »Wirklich nett, dass ich hier vorne sitzen darf, Captain.«

»Kein Problem«, sagt er. »Hast du Frau und Kinder?«

Die Frage trifft mich wie ein Wespenstich.

»Ich habe einen Sohn, bin aber von seiner Mutter getrennt.«

Volkans osmanische Glutaugen blitzen. »Hm. Nicht gut. Hast du schon was Neues?«

»Eine neue Frau, meinen Sie?« Ich schüttle den Kopf. »Vorerst habe ich die Nase voll.«

Volkans Lachen schallt durch das Cockpit, sein Schnurrbart wackelt. »Ich bin seit dreißig Jahren glücklich verheiratet«, verkündet er. »Wir haben vier Kinder und machen es trotzdem noch regelmäßig miteinander. Jeden Tag. Es funktioniert noch sehr gut.«

Der Türke strahlt mich an, seine Goldzähne funkeln. Hinter der Glasscheibe zieht das Himmelblau vorüber. »Hast du auch noch so viel Kraft wie früher?«, fragt er augenzwinkernd.

Ich lache. »Na ja, man müsste noch mal zwanzig sein. Aber mit der Erfahrung von heute.«

Volkan nickt salbungsvoll. »*Makine kac yasinda olursa olsun, kalkmasi lazim.*«

»Was heißt das, Captain?«

»Das heißt: ›Egal wie alt die Maschine ist, sie muss abheben.‹ Alter Pilotenspruch aus der türkischen Luftwaffe.«

Der Türke zwinkert mir erneut zu, und im nächsten Moment fliegt die Tür auf. Karina. Die Stewardess wirkt ein bisschen wacklig auf den Beinen. Vermutlich der Champagner. Sie serviert uns Kaffee und Sandwiches, dann lässt sie sich hinter dem Copiloten auf den zweiten Klappsitz sinken und steckt sich eine Virginia Slim an.

Irgendwann beginnt der Landeanflug, und statt mich rauszuschicken, sagt der Captain: »Schnall dich an.«

Wow. Der kleine Junge in mir juchzt vor Freude.

Am Horizont glitzert Singapurs Skyline. Unter uns das grün schimmernde Südchinesische Meer. Dann plötzlich Festland, Straßen, Autos, Wohnhäuser. Touchdown.

Wir rollen über das Vorfeld des Singapore Changi Airport,

als der Captain unvermittelt, ohne sich umzuwenden, sagt: »Ich fliege in einer Stunde zurück, Amigo. Mihin Lanka fehlt das Geld für lange Standzeiten. In Singapur kannst du mir einen Gefallen tun.«
Volkan weiß, dass ich in vier Tagen nach Sri Lanka zurückkehre. Er wird die Maschine fliegen. Nach der Flugshow, die er mir soeben geboten hat, erweise ich ihm den Gefallen natürlich gern.

Singapur wirkt kalt, künstlich wie eine Shoppingmall, bevölkert von geklonten Konsum-Zombies. Noch nie habe ich so viele Frauen in teuren Kleidern gesehen wie auf Singapurs Straßen. Prada, Gucci, Armani, Versace und so weiter. Hier trägt der Teufel viele Namen.

Aus schierer Langeweile entschließe ich mich zu einer kleinen Provokation auf der Orchard Road, der Hauptstraße Singapurs. Gut sichtbar für die anderen Passanten schnippe ich eine Zigarettenkippe auf den Gehsteig. Wird man erwischt, gibt es dafür im besten Fall ein Bußgeld, im schlimmsten die Prügelstrafe mit dem Rotan, einem geflochtenen Schlagholz, das die Pobacken in eine Schmerzlandschaft verwandelt.

Zumindest ernte ich ein paar missbilligende Blicke, mehr nicht. Kein mobiles Einsatzkommando kommt angerauscht, um den öden Nachmittag in einen Actionfilm zu verwandeln. Schade eigentlich.

Im Taxi entspinnt sich ein Dialog zwischen dem Fahrer und mir.

Ich: »Ich möchte nicht unhöflich sein, aber was halten Sie davon, in einem Ein-Parteien-Staat zu leben, einer Diktatur quasi, die kleinste Vergehen mit Prügel bestraft und keine freie Meinungsäußerung duldet?«

Wir brausen an bunt angestrahlten Glaspalästen vorbei, dann am schneeweißen Merlion, einer Wasser speienden Steinskulptur, halb Fisch, halb Löwe. Der Fahrer, ein Han-Chinese, mustert mich im Rückspiegel.

»Everything is okay in Singapore. We are not interested in politics.« Er lacht. Ich nehme ihm die Zufriedenheit ab.

Ich: »Haben Sie schon mal von der MDA gehört?«

»No. What's that?«

»Die *Media Development Authority.* Eine Aufsichtsbehörde. Wer eine Internet-Nachrichtenseite betreibt, muss bei der MDA 40 000 Singapurdollar hinterlegen. Die sackt die MDA ein, falls unliebsame Inhalte nicht binnen vierundzwanzig Stunden entfernt werden. So was nennt man Zensur, oder?«

»No one cares about that.« Wieder lacht der Fahrer.

Vor dem *Raffles,* dem legendären Luxushotel aus Kolonialzeiten, steige ich aus dem Taxi und lasse mir von einem weiß livrierten Sikh-Türsteher die schwere Holzpforte zur Lobby öffnen. Darin weißer Marmor, Tropenhölzer, wuchtige dunkle Ledersessel. British Empire in Reinkultur.

Ein anderer Diener, ebenfalls weiß livriert, weist mir den Weg in die Long Bar. Dort wurde, so die Hotelbroschüre, 1915 der Singapore Sling erfunden, der Nationalcocktail. Am hochglanzpolierten Mahagonitresen sitzend, schaue ich zu, wie der chinesische Bartender mir einen zubereitet. 15 ml Grenadinesirup ins Glas, Eis rein, 30 ml Gin, dann zu gleichen Teilen Soda und ein Süßsauermix aus Zitronensaft und Sirup, zuletzt 15 ml Kirschbrandy, ungerührt, obendrauf eine Kirsche.

Ein erstklassiger Drink. So lässt sich Singapur besser ertragen. Nach drei weiteren Slings habe ich genug Gin im Blut, um den Prunkpalast mit beschwingten Schritten zu verlassen.

Am Tag meiner Rückkehr nach Sri Lanka fahre ich früher als nötig zum Flughafen. Ich freue mich auf das Wiedersehen mit Captain Volkan. Wie gewünscht, habe ich ihm in Singapur ein ganzes Arsenal von indischen Potenzpillen zusammengekauft, die ich ihm nun feierlich überreichen will.

* * *

Isabel räkelt sich auf dem Feigenholzsessel, hebt ihre elegant geschwungenen Brauen. Der Blick, mit dem sie mich taxiert, ist schwer zu deuten.

Ich öle meine Stimme mit einem Schluck vom Sling und erzähle weiter.

»Am Airport erfuhr ich, dass mein Rückflug gecancelt wurde. Mihin Lanka hatte beschlossen, den Dienst einzustellen, offenbar wegen unbezahlter Kerosinrechnungen. Ich musste mir ein neues Ticket kaufen. In Colombo versuchte ich dann, die Airline zu kontaktieren, von wegen Rückerstattung und so. Außerdem wollte ich nach Volkan fragen. Das Päckchen mit den Pillen gehört ja ihm. Er hat mir vierhundert Dollar dafür mitgegeben. Aber die Leitung war tot. Jetzt liegen seine Pillen oben in Nilambe.«

Inzwischen sind es zwei weniger. Die Wirkung des Chemiecocktails in meiner Blutbahn ist nicht mehr zu leugnen. Ich bin wieder zwanzig. In meinen Adern brodelt und pulsiert es. Ein uralter Song fällt mir ein: *Woke Up With Wood.*

Isabel sagt: »Aber du selber würdest so ein Zeug doch nie schlucken, oder?«

Trotz der Ginfluten in meinen Hirnwindungen wird mir bewusst, dass ich womöglich ein wenig zu offen gewesen bin.

Doch dann reißt mich Isabels Kichern aus meinen Gedanken. »Gott sei Dank gibt es bei Frauen keine solchen Probleme.« Irgendetwas an ihrem glockenhellen Lachen lässt mich stutzen. Verwirrt blicke ich sie an. Isabels Gesicht ist gerötet vom Alkohol, ihre Haut schimmert im Schein der Tischkerze. »Habe ich es dir nicht erzählt?«, sagt sie. »Ich bin mit Audrey zusammen, meiner meditierenden Freundin. Wir teilen uns die Wohnung in Bastille.«

Oha.

Und während irgendwo in der Dunkelheit ein Nachtigall-Männchen versucht, mit seinem Gesang ein paarungswilliges Weibchen zu betören, fischt Isabel die Kirsche aus dem Glas und lässt sie mit spitzen Fingern zwischen ihren Lippen verschwinden.

DAS MÄDCHEN, DER MÜLL UND DER TOD

(Kalkutta)

Der dicke Mann mit dem Seehundbart war auch schon hier. Auf genau diesen Mahagonidielen wandelte er, auf diese Plüschsofas senkte er sein mächtiges Hinterteil, stellte seinen doppelten Gin Tonic oder seinen Whiskey ab und begann zu sinnieren.

Ich kenne den Mann nicht, ich bin ihm nie begegnet. Ich habe nichts gegen ihn. Manch anderer schon. Fest steht, er saß hier oben, in der Lounge des Fairlawn Hotel, Tag für Tag, und sinnierte darüber, was ihm alles missfiel an dieser Stadt. Und da fiel ihm so einiges ein.

Die besagte Lounge mit den Plüschsofas erreicht man über zwei Treppenfluchten, an deren Wänden gerahmte Zeitungsartikel hängen, Widmungen, Urkunden und Fotos der vielen prominenten Gäste, die über die Jahrzehnte im Fairlawn Hotel abgestiegen sind. Ja, es hat ihm hier gefallen, man kann es nachlesen. Der koloniale Nippes, die frischen Orchideen in den Vasen, die dienstbaren Geister, die ihm jeden seiner zahlreichen Wünsche erfüllten … Mit der Stadt selbst tat er sich ein wenig schwerer.

»Warum nicht ein Gedicht über den Haufen Scheiße, wie Gott ihn fallen ließ und Kalkutta nannte. Wie es wimmelt, stinkt, lebt und immer mehr wird.« So schrieb der Dichter nach einer ersten kulturtouristischen Begegnung mit der Hauptstadt Westbengalens. Später kehrte er für einige Monate zum Schreiben und Zeichnen zurück; das Resultat, »Zunge zeigen«, nahm hier oben, in der Lounge des Fairlawn Hotel, seinen Anfang.

Violet Smith, die Inhaberin, fand es gar nicht lustig, als man ihr zutrug, was der berühmte Schriftsteller aus Deutschland über ihre Stadt geschrieben hatte. Günter Grass bekam Hausverbot.

Und jetzt bin ich hier. O Kalkutta.

* * *

»NAMASTÉ, FRIEND! YOU WANT SEX?«, brüllt mir eine Stimme ins Ohr. »I KNOW SPECIAL PLACE. MANY NICE LADY AND BOY. SERVICE AS YOU LIKE.«

Ein schmieriger Bursche undefinierbaren Alters grient mich an. Er hat mehr Zahnlücken als Zähne.

Nein danke, ich habe keinen Bock auf deinen *special place*.

Ich lasse den Burschen einfach stehen und tauche wieder im Gewusel der Howrah Railway Station ein, eines der größten Reisebahnhöfe der Welt. Die Bahnhofshalle, so groß wie ein Fußballfeld, ist zum Bersten mit Menschen gefüllt. Wohlhabende Bengalen, arme Biharis und Bangladeshis, Chinesen, Tamilen, Tibeter, Parsen. Alles wuselt hin und her. Die Luft vibriert. Nirgendwo Stillstand, jeder ist in Eile. An den Shops blinken Neonschilder mit bunten Hindi-Slogans.

Für die Sehnsüchtigen ist die Howrah Railway Station das Ziel ihrer Träume, eine Durchgangsstation ins Glück. Für die Enttäuschten ist sie die Endstation, für die Fliehenden der letzte Berührungspunkt mit Kalkutta. Für mich ist es eine Zeitmaschine. Der Bahnhof erinnert mich an Bombays Victoria Station. An eine Begegnung, die lange zurückliegt.

Unbewusst habe ich nach ihr Ausschau gehalten, nach meiner schönen Hippie-Prinzessin vom Bahnhof in Bombay, die im Laufe der Zeit mehr und mehr zu meiner E-Mail-Prinzessin geworden ist. Zu meiner E-Mail-Prinzessin, die ihr Augenlicht verloren hat.

Noch immer kann ich nicht richtig begreifen, was sie mir kürzlich geschrieben hat.

Ich bin immer noch total baff.

Stundenlang bin ich im Bahnhof herumgelaufen, habe mich umgesehen, habe Menschen beobachtet, sie fotografiert. Jetzt bin ich erschöpft und will ins Fairlawn zurück. Duschen, essen, ausruhen, die Fotos begutachten. Vielleicht sind ein paar gute darunter.

* * *

Anderntags.

In aller Herrgottsfrühe trete ich aus dem Hotel. Davor lehnt lässig Ajit an seinem Taxi, einem weißen Ambassador. In Kalkutta sieht man den bauchigen Wagen noch oft. Stammt aus den Sechzigern. Ein Flusspferd auf Rädern. Bildschön.

»Good morning, Baba«, begrüßt mich Ajit, ein dicker Bengale mit Pausbacken, dessen Leibesfülle sich perfekt mit den Rundungen seines Autos ergänzt. Nebenbei ist Ajit Kleindealer. Wenn er nicht gerade unterwegs ist, steht er vor dem Fairlawn Hotel. »Today you want something, yes? I have good Manali hashish. And fresh gras from Kerala.«

»No, thanks, Ajit«, erwidere ich.»But can you take me to Kaligat?«

Jeder Taxifahrer in Kalkutta kennt diese Adresse. Ajit nickt freudig, strahlt über beide Backen. Es ist eine weite Tour in den Süden Kalkuttas.

Bald ist der Verkehr so dicht, dass es nur noch im Schritttempo vorangeht. Wir sind eingeklemmt in einem Gemenge aus allem, was es an innerstädtischen Transportmitteln in den letzten tausend Jahren gegeben hat. Lastenträger, Ochsenkarren, Reiter, Kutschen, Lastwagen, Mopeds, Oldtimer, Doppeldecker, Tatas, Ambassadors, Toyotas, Hyundais. Ich kann kaum atmen, bin halb benommen von den Abgasschwaden, die durch das offene Fenster hereinwehen. Aber was soll dann Ajit erst sagen? Er atmet den Dreck schließlich jeden Tag ein. Natürlich würde es helfen, wenn sich die Fenster im Ambassador hochkurbeln ließen.

Auf den Gehsteigen hocken Familien an offenen Feuern, Mütter pulen Kindern Läuse aus dem Haar, die Schreie der Babys vermischen sich mit dem Sound der Hupen und Fahrradklingeln.

Wie ein Film ziehen die apokalyptischen Bilder an mir vorüber. Kalkuttas unfassbare Armut ist etwas, das meine Augen zwar erkennen, mein Verstand aber kaum begreift.

Ein Stück weiter, vor einem rotem Backsteingebäude, das um die vorletzte Jahrhundertwende richtig hübsch gewesen sein muss, erhebt sich ein gewaltiger Müllberg, drum herum türmt sich ein Vorgebirge aus verwehten Abfällen. Auch hier hausen Familien, in wahrhaft bestialischen Gestank gehüllt.

So geht es weiter, immer weiter durch ruinöse Stadtlandschaften, wie Hieronymus Bosch sie beunruhigender nicht hätte auf die Leinwand pinseln können. Dann erreichen wir unser Ziel. Ajit hält in zweiter Spur.

»Kaligat«, verkündet er.

Ich bezahle ihn und steige aus dem Ambassador.

»Have nice day«, ruft Ajit mir nach.

Ich bin mir nicht so sicher, ob ich einen *nice day* haben werde. Ganz im Gegenteil.

»You, too!«, rufe ich zurück.

Kali ist die Göttin des Todes und der Zerstörung. In Kalkutta verehrt man sie, im Kaligat-Tempel bringt man ihr Tieropfer. Dutzende von Ziegen werden hier jeden Tag vor versammeltem Publikum geköpft. *Incredible India.* Aber deshalb bin ich nicht hier.

Auf der Rückseite des Kali-Tempels befindet sich Mutter Teresas Haus der Sterbenden. *Nirmal Hrida* heißt es, »Stätte des reinen Herzens«. Die Vorstellung, es zu betreten, macht mir Angst.

Auf dem Vorplatz reihen sich die Stände der Straßenhändler aneinander, schon zu dieser frühen Stunde warten Pilger auf Einlass in Kalis Todestempel. Es ist kurz vor 8:00 Uhr, als ich im fahlen Licht der Morgensonne den Platz überquere. Am schmalen Eingang des Sterbehauses klopfe ich an die Pforte, ein mulmiges Gefühl im Bauch.

Die Tür öffnet sich einen Spaltbreit. Eine indische Ordensschwester lugt heraus; sie trägt den weißen Sari mit der blauen Borte, das Markenzeichen des Ordens. Ich zeige ihr meinen Mitarbeiterpass. Den habe ich mir gestern im Mutter-Teresa-Büro an der Bose Road besorgt. Die Nonne lässt mich herein.

Eine zweite Ordensschwester erscheint, diese eine Westlerin.

»Welcome to the Missionaries of Charity«, sagt sie. »I'm Sister Ingrid.«

Ich stelle mich vor. Die Nonne, etwa fünfzig ist sie, sieht mich offen an. Ich frage sie, ob sie zufällig Deutsche sei.

»Nein, ich bin Dänin. Aber ich spreche Deutsch. Und woher stammst du?«

»Aus Berlin«, antworte ich. »Wie lange arbeitest du schon hier?

»Erzähle ich dir später. Schön, dass du da bist. Komm mit.« Ingrid bedeutet mir, ihr zu folgen.

Wir treten um die Sichtsperre herum, die bei geöffneter Tür neugierige Blicke von draußen verhindert. Ich finde mich in einem hohen Saal mit weiß getünchten Steinwänden wieder. Es ist angenehm kühl hier drin. Die Ventilatoren an der Decke brummen leise.

Im Halbdunkel liegen oder sitzen in drei Reihen etwa sechzig Männer auf schmalen Pritschen; alle tragen eine Art blauen Schlafanzug. Einige wimmern, andere brüllen, wieder andere starren stumm ins Nirgendwo. Spindeldürr sind sie, die Glücklichen, die es in diese Gemäuer geschafft haben, die Sterbenskranken, die Todgeweihten, die von der Straße aufgelesen wurden und nichts besitzen außer dem sicheren Ende. Draußen wären sie hilflos den Ratten und wilden Hunden ausgeliefert, im *House of the Dying* werden sie aufgepäppelt und dürfen in Würde sterben. So heißt es jedenfalls.

Ich habe keinen Grund, daran zu zweifeln.

Außer mir befinden sich noch drei, vier andere Freiwillige im Saal, dazu ein halbes Dutzend Ordensschwestern. Wie Ingrid stammen einige aus dem Westen. Eine füttert einen Patienten, eine andere wischt etwas vom Boden auf.

Plötzlich steht die indische Nonne neben mir, die mich eingelassen hat, und drückt mir Klamotten, ein zusammengelegtes Laken und ein Küchenhandtuch in die Hände. »Change 37«, sagt sie.

»Das ist Rashid«, erklärt Ingrid. »Er hat sich eingepullert. Du sollst ihm die Hose wechseln.«

Hinter den Pritschen stehen Nummern an den Wänden. Die 37 liegt im hinteren Teil des Saals. Ich nicke und ziehe los. Viele der Patienten, an denen ich vorbeikomme, haben Missbildungen, einige tragen großflächige Verbände, ein paar sehen wie Schwachsinnige aus. Dann erreiche ich Pritsche Nummer 37. Der Mann, der darauf liegt, ist klapperdürr, ein lebendes Skelett. Seine Augen schicken stumme Schreie ins Halbdunkel.

Unentschlossen verharre ich vor ihm. Ich weiß nicht, wie ich anfangen soll. Als Westberliner musste man nicht nur nicht zur Bundeswehr, man musste auch keinen Zivildienst leisten. Meine Erfahrung in diesen Dingen tendiert gegen null.

Ich lege los, indem ich Rashid vorsichtig die klitschnasse Hose Stück für Stück von den Beinen streife. Mit dem Tuch wische ich ihn behutsam trocken. Teilnahmslos lässt der Mann es über sich ergehen. Dann helfe ich ihm vorsichtig auf und bedeute ihm, so sitzen zu bleiben. Das ist der Moment, in dem er mich wahrnimmt; für Sekunden verstummen die Schreie in Rashids dunklen Augen. Seinem Blick entströmt etwas, das ich nur als blanke Sehnsucht beschreiben kann. Die Sehnsucht nach Leben? Nach dem Tod? Ich weiß es nicht. Dann ist der Moment auch schon wieder vorbei. Doch Rashid hat verstanden, was ich von ihm möchte. Er bleibt still sitzen, während ich rasch das Laken wechsle. Umständlicher wird es, als ich ihm die frische Hose anziehen will. Er möchte sich nicht hinlegen, lieber auf der Bettkante sitzen bleiben. Kein Problem, dann machen wir es eben so. Es dauert eine Weile, doch schließlich ist es geschafft, und ich verabschiede ich mich von Rashid. Seine Augen schreien wieder.

Eine der Schwestern weist mir den Weg zur Wäschekammer. Auf dem Weg dorthin komme ich am Frauensaal vorbei. Das gleiche Bild wie bei den Männern. Ordensschwestern und Freiwillige kümmern sich um die Patientinnen. Rashids nasse Sachen werfe ich auf einen Wäscheberg.

Sobald ich zurück bin, drückt die Schwester vom Eingang mir den nächsten Klamottenstapel in die Arme. »Number 46«, sagt sie ohne Umschweife.

So ist das im Sterbehaus. Wenn der Sensenmann umgeht, bleibt keine Zeit für lange Reden.

Ich nehme ihr die Sachen ab und gehe zu Pritsche Nummer 46. Der Mann, der darauf liegt, hat keine Augen mehr, nur zwei dunkle Höhlen, die leer zur Saaldecke aufstarren. Abrupt bleibe ich stehen. Ich weiß, dass ich mich mein Leben lang an diesen Anblick erinnern werde. Das war einer der Gründe, warum ich Schiss davor hatte hierherzukommen. Aber keineswegs der einzige.

Der Mann ohne Augen krächzt etwas und reißt mich aus der Erstarrung. Er scheint mich heranzuwinken.

Ich trete auf ihn zu und murmle ein paar beruhigende Worte, obwohl ich sie mindestens genauso nötig hätte wie er. Dann mache ich mich ans Werk, beginne dem Mann die Hose auszuziehen. Er liegt auf der Seite, in Fötushaltung, und dann steigt mir auch schon der stechende Kotgeruch in die Nase. Er hat sich komplett eingeschissen, und ich spüre, wie mir der Ekel in die Kehle steigt. Ich muss würgen, versuche es zu unterdrücken, doch es ist sinnlos. Ich muss kotzen. Ich kann mich gerade noch abwenden und den Schwall in Richtung Mittelgang umlenken.

Mist. Für so etwas bin ich nicht geschaffen, fürchte ich. Ich tauge nicht zum Samariter, kriege das nicht hin. »I'm so sorry«, stammle ich, als eine der Ordensschwestern herbeigeeilt kommt.

»No problem«, entgegnet sie lächelnd.

Das Malheur ist rasch aufgewischt, und ehe ich mich lange in meiner Verlegenheit suhlen kann, ruft schon wieder jemand: »Komm rüber, Joannis, schnell!«

Als ich den Kopf wende, sehe ich, dass Schwester Ingrid mich zum Eingang winkt. Während ich zu ihr eile, erwachen einige der Patienten aus ihrer Lethargie und blicken interessiert auf. Unwillkürlich denke ich an *Einer flog über das Kuckucksnest.*

Vor der Eingangstür liegt ein Mann im gleißenden Sonnenschein auf den Steinstufen – oder vielmehr das, was noch von ihm übrig ist. Ein dunkler Hautsack, aus dem die Knochen herausstechen; um die Hüften trägt er einen Stofffetzen, ansonsten ist er nackt, seine Haut übersät mit Eiterbeulen. Lebt der Mann noch?

»Kannst du ihn hereintragen?«, fragt mich Ingrid.

»Ja, klar«, sage ich entschlossener, als ich wirklich bin. An meiner Tauglichkeit zur karitativen Arbeit sind mir mittlerweile ernste Zweifel gekommen. Aber ich will nicht herumeiern nach meinem Fauxpas von eben.

Ich beuge mich zu ihm herab, doch dann zögere ich. Ich

möchte ihm nicht wehtun. So behutsam wie nur eben möglich schiebe ich meine Arme unter ihn, hebe ihn sachte an. Er ist federleicht, kaum schwerer als mein mittlerweile vierjähriger Sohn. Ich gebe mir Mühe, dem Mann keine zusätzlichen Schmerzen zu bereiten, während ich mich langsam aufrichte und ihn in sein vermutlich letztes Zuhause trage.

Drinnen lege ich ihn sachte auf der ersten freien Pritsche ab, gleich neben dem Eingang. Ingrid tritt herbei und fühlt den Puls des Neuankömmlings. Mit einem Stethoskop horcht sie sein Herz ab, dann hebt sie seine Lider leicht an. Seine Augen sind starr und glanzlos.

»Er ist tot«, sagt sie.

»Bist du sicher?«, frage ich beklommen.

»Ja.«

Ich habe noch nie einen Toten gesehen, geschweige denn in den Armen gehalten. Plötzlich verschnürt es mir die Brust. Ich spüre, wie mir Tränen in die Augen steigen.

»Hier, trink einen Schluck«, sagt Ingrid und reicht mir eine Wasserflasche.

Ich tue wie geheißen.

»Und was geschieht jetzt mit ihm?«, frage ich rau.

Ingrid wartet einen Moment ab, bevor sie antwortet: »Kannst du noch? Hast du noch Kraft?«

Ihr Blick ist sanft, voller Güte. Wie viel Leid haben ihre blauen Augen schon gesehen? Ich trinke noch einen Schluck, dann nicke ich und sage: »Denke schon.«

Ingrid lächelt. »Könntest du ihn vielleicht nach hinten tragen?«

Ich starre die Dänin an, doch dann nicke ich erneut und hebe den Leichnam vorsichtig vom Bett.

Vielleicht bilde ich es mir nur ein, aber jetzt meine ich, die Abwesenheit seiner Seele zu spüren. Der Mann auf meinen Armen ist eine bloße Hülle. Seine Seele ist … ja, was ist sie? Einfach erloschen, wie eine ausgeknipste Glühbirne? Oder ist sie weitergezogen? Und wenn ja, wohin? Während ich Ingrid hinterhertrotte, komme ich an einigen offenen Räumen vorbei. Als ich in den ersten hineinschaue, sehe ich gleich wieder weg. Das Bild, das mich daraus förmlich anspringt, würde sich mir unauslöschlich ins Gedächtnis einbrennen, falls ich zu lange hinschaute. Während ich an den anderen Räumen vorbeigehe, blicke ich starr geradeaus.

Wir erreichen die grün gekachelte Leichenkammer. Unter kaltem weißen Neonlicht liegen auf einem Tisch zwei in weiße Tücher gewickelte Körper, bereit zum Abtransport zur Verbrennungsstätte. Jetzt kommt ein dritter hinzu. Behutsam lasse ich den Leichnam auf den Tisch gleiten.

Mit geübten Handgriffen wickelt Ingrid ihn in ein weißes Tuch und verschnürt es. Als wir den Raum wieder verlassen, merke ich, wie sehr meine Nerven flattern. Erst seit zwei Stunden bin ich hier, aber ich bin komplett am Ende.

»Vorhin hast du mich gefragt, wie lange ich hier schon arbeite«, sagt Ingrid. Vermutlich versucht sie mich abzulenken, mich wieder aufzubauen. »Seit zwölf Jahren. Ich war Bürokauffrau, habe mit Mann und Kindern auf Bornholm gelebt. Es war ein gutes Leben. Irgendwann bin ich dann mit einer Freundin nach Indien gereist. Das hat alles geändert. Danach kam Dänemark mir irgendwie schal vor, das Leben wie ein Trugbild.«

»Und dann bist du Ordensschwester geworden?«, frage ich sie.

Ingrid schüttelt den Kopf. »Nicht sofort. Wegen meiner Kinder. Ich habe gewartet, bis sie alt genug waren, um ohne ihre Mutter zurechtzukommen. Jetzt besuchen sie mich regelmäßig in Kalkutta.«

Ich nicke. »Ingrid, ist es okay, wenn ich kurz Pause mache?«, frage ich sie. »Ich brauche eine Zigarette.«

»Klar«, antwortet sie. »Geh nach oben, dort hast du eine interessante Aussicht.«

Über eine Steintreppe steige ich auf das Dach, das Sterbehaus und Kali-Tempel verbindet. Der braungraue Abgasfilm, der ständig über Kalkutta liegt, flimmert in der Sonne; körnig weich und schemenhaft zeichnen sich die Konturen der umliegenden Gebäude ab. Während ich meine Zigarette rauche, beobachte ich das Treiben rings um die Tempelanlage. Heerscharen von Pilgern stehen vor dem Eingang Schlange. Die Straßenhändler machen prächtigen Umsatz. Neben religiösen Devotionalien verkaufen sie Pepsi, Betelpaste und Zuckerwatte. Bettler betteln, ein Gaukler gaukelt, Hunde streunen. Aus einem Lautsprecher dröhnt eine kratzige Stimme voll dramatischer Inbrunst. Ein Beinamputierter schiebt sich auf einem Rollbrett durch die Menge. Vor einer Pilgergruppe hält er an, streckt die dünnen Arme nach Almosen aus.

In der Waschküche wartet Arbeit. Über ein riesiges Steinbecken gebeugt, stehen wir da, walken Laken und Kleidungsstücke durch. Wir, das sind fünf Freiwillige aus verschiedensten Ländern und fünf Ordensschwestern. Im Sterbehaus werde ständig gewaschen, man komme kaum mit der Arbeit hinterher, hat Ingrid erklärt. Die Helfer und Schwestern lachen und schwatzen. Ich bin noch zu benommen für Smalltalk.

Dann bemerke ich die Ordensschwester auf der anderen

Seite des Beckens. Auch sie aus dem Westen. Mit gesenktem Kopf steht sie da, knetet die Schmutzwäsche mit steten, konzentrierten Bewegungen, während ich sie wie erstarrt anblicke. Die Schwester schaut nicht auf. Die langen Locken fallen ihr ins Gesicht. Über ihre schlanken Hände perlt das Wasser. Bombay, Victoria Station, es ist Jahre her. Du lieber Himmel. Damals haben mir die Worte doch auch nicht gefehlt.

Dann gibt es Mittagessen. Auch Samariter kriegen Hunger. Alles strömt in den Speisesaal, ebenfalls ein hoher Raum mit weißen Steinwänden. Gegessen wird an zwei langen Tischen. Es gibt Linsenbrei und Reis, dazu Chapati und schwarzen Tee. Die Stimmen der Anwesenden hallen von den Wänden wider.

Nach dem Essen fragt Ingrid die Freiwilligen, ob einer von uns Lust zum Singen habe. Ich hebe die Hand.

»Schön. Dann komm mit, Joannis«, sagt die Dänin und marschiert los. Ich folge ihr.

Ingrid führt mich zu den offenen Räumen, an denen ich bereits auf dem Weg zur Leichenkammer vorbeigekommen bin. Der Mann, zu dem sie mich bringt, liegt auf einer Pritsche. Ein seltsam deformierter, kleinwüchsiger Krüppel. Seine schrumpeligen, spindeldürren Arme und Beine sind bizarr verrenkt, stehen in grotesken Winkeln von seinem Rumpf ab. Leise wimmert er vor sich hin, die wässrigen Augen weit aufgerissen. Er hängt an einem Tropf, in seiner Armbeuge die Infusionsnadel, und zittert wie Espenlaub.

»Das ist Praem. Er ist spastisch gelähmt und hypernervös in seiner Bewegungsunfähigkeit«, erklärt mir die Schwester. »Er wird nicht mehr lange leben. Er hat Knochenschwund im Endstadium. Wir verabreichen ihm Höchstdosen an Morphium.«

Als sie meinen verstörten Blick sieht, fügt Ingrid an:»Wenn du ihm vorsingst, beruhigt er sich und schläft ein.«

»Okay«, sage ich leise.

Ingrid geht und lässt mich mit Praem allein. Ich setze mich zu ihm auf die Pritsche und betrachte dieses seltsam deformierte Geschöpf. Er trägt den gleichen blauen Schlafanzug wie die anderen Patienten, aber in Kindergröße. Leise fange ich an zu singen. *Bruder Jakob, Bruder Jakob, schläfst du noch? Schläfst du noch? Hörst du nicht die Glocken? Ding dang dong, ding dang dong ... Frère Jacques, frère Jacques, dormez-vous, dormez-vous? Sonnez les matines, ding ding dong, ding ding dong ...* Ist zwar kein Lied zum Einschlafen, aber das erste, das mir einfällt. Wegen meines Sohnes erinnere ich mich neuerdings wieder an die alten Kinderlieder, die ich vor Urzeiten mal gesungen habe. Weiter geht es mit *Paff, der Zauberdrache, lebte am Meer, auf einem Inselparadies, doch das ist schon lange her ...*

Während ich Praem leise vorsinge, bemerke ich, dass sein Wimmern in eine Art wohliges Schnurren umschlägt. Er scheint sich zu freuen, zu genießen, einen Lichtstrahl im Dunkel zu sehen. Sein Blick wird ruhig. Und seine Reaktion bewirkt, dass ich plötzlich anfange, nicht mehr nur mit der Stimme, sondern auch mit dem Herzen zu singen. Die Worte und Melodien fließen aus mir heraus, ich bin ganz *da,* ich *meine,* was ich tue. Es ist wunderschön. Während ich mich im Rhythmus der Lieder hin und her wiege, klopfe ich behutsam den Takt auf Praems Bein.

Nach einer Weile schließen sich tatsächlich seine Augen. Er ist eingeschlafen. Entspannt und friedlich sehen seine Züge aus. Er ist nun an einem anderen Ort, einem Ort, wo die

Dinge besser für ihn laufen. Und während ich beobachte, wie er vor sich hin schlummert, weiß ich mit einem Mal, dass wir uns gegenseitig beschenkt haben. Praem und ich haben ein Tauschgeschäft vollzogen; jeder von uns hat eine eigene Art der Gnade erfahren.

Ist dies eines jener Erlebnisse, von denen es heißt, sie könnten einen Menschen dazu bringen, aus seinem alten Dasein auszusteigen? Nach Kalkutta zu ziehen und sein Leben dem Orden der Nächstenliebe zu verschreiben? Ein Erweckungsmoment, ein religiöses Erwachen?

Nein. Sicher nicht.

Aber es ist genauso gut.

* * *

Die Sudder Street, gleich hinter dem berühmten New Market, ist die Backpacker-Meile Kalkuttas, die ärmliche, verlauste kleine Schwester von Bangkoks Khao San Road. Das entsprechende Volk lungert auf der Straße: dauerbekiffte Israelis, frisch aus dem Wehrdienst entlassen, statt mit *guns* nun mit *gunja* bewaffnet; händchenhaltende junge Paare aus Europa, ihre brandneuen Reiseklamotten noch unbefleckt vom indischen Straßendreck; zwischen ihnen ein paar ältere, erfahrene Traveller, die sich abgeklärt geben, aber trotzdem gern noch mal fünfundzwanzig wären. Vor den Restaurants und Internet-Cafés streunen die Bettelkinder, ein alter Bengale verkauft Trinkkokosnüsse. Es geht entspannt zu.

Am östlichen Ende der Straße liegt das Fairlawn Hotel. Ajit lehnt wie immer lässig an seinem Ambassador. Zwischen seinen Lippen hängt ein Bidi.

»You have good time with Mother Teresa?«, fragt er, als ich an ihm vorbeitrotte.

Ich zucke nur mit den Schultern und gehe in mein Hotel.

Das pittoreske kleine Haus liegt hinter einer Mauer aus grünen und gelben Mosaiksteinchen. Es ist früh am Abend. Ich bin aufgewühlt und erschöpft.

»Hello darling, how was your day?«, fragt mich Violet Smith, die zweiundneunzigjährige Hotelinhaberin. Frisch frisiert und gepudert sitzt sie an ihrem Stammplatz neben der Rezeption, die Lippen knallig rot angemalt, die Perückenlocken glänzen wie frisch aufgetragener Lack. Vor ihr stehen Teller mit Salat und Tomatenbroten.

»I've been to Kaligat. Nirmal Hrida. You know how it is, Madame«, entgegne ich.

»O dear«, erwidert Violet. Dann nickt sie bedeutungsvoll. »I know.«

Sie hat armenische Wurzeln, war mit einem britischen Offizier in Kalkutta verheiratet und hat seinerzeit jahrelang mit ihm die Welt bereist, ehe sie schließlich das im Familienbesitz befindliche Fairlawn übernahm. Danach kam die ganze Welt zu Violet. Unter dem Mantel der Verschwiegenheit hat sie mir augenzwinkernd erzählt, einst hätte E. M. Forster ihr den Hof gemacht, obwohl sie ihn immer für schwul gehalten habe; außerdem habe er zweihundert Sorten Darjeeling auseinanderhalten können.

Durch ihre dicken Brillengläser schaut Violet zu mir auf. Sie wirkt ein bisschen müde heute Abend. Und ich selbst bin auch ziemlich platt.

»Now please enjoy your meal«, sage ich und empfehle mich mit einer leichten Verbeugung auf mein Zimmer.

Als ich zu vorgerückter Stunde wieder hinuntergehe, ist Violets Stammplatz verwaist. Die Lady hat sich zur Nacht gebettet. Das Restaurant des Fairlawn aber ist voll besetzt. Es ist Kult in Kalkutta. Eine Institution. Nicht wegen des eher durchschnittlichen Essens. Sondern weil Kalkuttas Künstler und Denker hier den Globetrottern und Kreativen aus aller Welt begegnen und sich jeden Abend illustre Runden bilden.

Till, der Filmemacher aus Berlin, ist wegen seines neuen Projekts hier; neben ihm sitzt Soumitra, Co-Regisseur eines Blindentheaters. »Die DVD steckt im Computer«, sagt Till. »Musst nur auf Start klicken.« Er schiebt mir sein Laptop herüber.

Für die Dreharbeiten zu »Howrah-Howrah«, seinem Film über die Howrah Railway Station, war Till mal zehn Monate am Stück in Kalkutta. Er ist ein Kalkutta-Veteran. Nun plant er einen Dokumentarfilm über Soumitras Blindentheater. Sie wollen Saramagos »Stadt der Blinden« auf die Bühne bringen.

»Danke. Ich weiß aber nicht, ob ich es heute noch schaffe, mir den Film anzusehen«, sage ich zu Till. Unsere Biergläser klirren aneinander.

»Eure Idee klingt ziemlich spannend«, fahre ich fort. »Wo kommen die Mitglieder deines Ensembles eigentlich her?«, frage ich Soumitra, den langhaarigen Theatermann.

Soumitra, im schwarzen Ledersakko, steckt sich einen Bidi zwischen die Lippen, zündet ihn aber nicht an. »In Kalkutta gibt es über zweihunderttausend Blinde. Mehr als die Hälfte davon sind Kinder«, beginnt er. »Die meisten leiden am grauen Star. Mit einer simplen Operation könnte man ihnen einen Teil ihrer Sehkraft zurückgeben, doch dafür fehlt das Geld.« Er steckt sich den Bidi an und pustet den Rauch aus. »Kalkutta ist eine Stadt der Blinden. Meine Schauspieler stammen vor allem von zwei spendenfinanzierten Blindenschulen. Den einzigen ihrer Art in Kalkutta. Wir proben in Dum Dum. Mit dem Samarago-Stück wollen wir Aufmerksamkeit erregen für unsere politische Forderung: kostenlose Operationen für alle.«

Ich nicke, trinke einen Schluck, dann noch einen.

Kalkutta. Stadt der Blinden.

Das passt.

»Was ist denn mit dir los?«, fragt Till.

»Sorry, Jungs«, sage ich. »Aber ich glaube, ich muss mir mal kurz die Beine vertreten.«

»Du siehst aus, als hättest du ein Gespenst gesehen«, sagt Soumitra.

»Überhaupt nicht«, sage ich. »Eher einen Engel. Außerdem war das schon heute Vormittag.«

Es ist ein leicht schwüler, nicht allzu heißer Abend, und irgendwo höre ich einen Pfau röhren. Pfauen sieht man in Indien häufiger als Hühner, und wenn sie mitten in der Nacht zu schreien beginnen, kann einem das den letzten Nerv rauben. Doch dann verstummt der Pfau plötzlich, als wolle er meinen Gedanken lauschen.

Und jetzt sehe ich sie wieder vor mir, wie eigentlich schon die ganze Zeit, seit sie mir in der Wäscheküche des Sterbehauses gegenübergestanden hat.

Amy, du hast es richtig gemacht. Wenn dies deine Welt ist, dann soll es so sein. Deine Arbeit im Haus der Sterbenden scheint dich zu erfüllen. Glücklich hast du ausgesehen. Zufrieden. Es war ein seltsames Gefühl, dich wiederzusehen. Der weiße Sari mit der blauen Borte steht dir ausgezeichnet. Aber so ist das wahrscheinlich, wenn man Engel sieht. Plötzlich konnte ich nicht mehr sprechen, keine einzige Silbe über die Lippen bringen. Ich weiß nicht, warum. Vielleicht war es Ehrfurcht. Vielleicht habe ich auch einfach nur zu lange gebraucht, die richtigen Worte zu finden.

Aber morgen, Amy.

Morgen ist auch noch ein Tag.

THE SHOW MUST GO ON

Music from God

Der Siddha-Doktor Lakshmanan weilt nicht mehr unter den Lebenden. Er war ja schon damals kein junger Mann mehr. Kumar und Ananda, seine Söhne, führen die väterliche Praxis vor den Toren Trivandrums weiter.

Prashanta, das querschnittgelähmte Mädchen am Marterpfahl, hatten die Ärzte abgeschrieben. Es hieß, sie würde nie wieder gehen können. Weit gefehlt. Lakshmanans Brachial-Reha hat Wunder gewirkt. Prashanta kann heute selbstständig gehen, wenn auch auf Krücken. Ihr Berufswunsch hat sich erfüllt. Sie ist Lehrerin an einer Grundschule in Cochin.

Mr. Narayanji, der Yoga-Lehrer mit dem *magic touch*, lebt zurückgezogen in Perumbavoor. Er ist in die Jahre gekommen und unterrichtet nur noch selten.

Dem Power-Atmen in drei Tempi, das Doktor Lakshmanan mir beibrachte, bin ich in Berlin wiederbegegnet. Sozusagen vor meiner Haustür. Ich hörte von einer Organisation namens *Art of Living,* einer indischen NGO, 1981 gegründet von Shri Shri Ravi Shankar (nicht zu verwechseln mit dem Musiker); der Haupt-Ashram der *AOL* befindet sich im indischen Bangalore. In Berlin gibt es eine Filiale. Im Grundkurs lernt man dort das Kernstück der AOL-Philosophie, die *Sudarshan Krya*, die *höchst reinigende Handlung*, ebenjenes Power-Atmen, das ich von Doktor Lakshmanan gelernt habe.

Der Schmerzfresser

Das letzte Kumbh-Mela in Allahabad fand 2013 statt. Die erstmals anwesenden internationalen Medien zählten hundert Millionen Besucher. Alle waren sie wieder da, die Sadhus, denen ich zwölf Jahre zuvor begegnet war. Mahant Shree Bholagiri reckt den Arm seit nunmehr achtunddreißig Jahren in die Höhe. Natürlich erinnerte er sich nicht an mich, als ich kurz mit ihm sprach. Ashok hat den zweiten Mela-Zyklus beendet; nur noch schlappe zwölf Jahre muss er auf einem Bein stehend durchhalten. Ein Klacks. Mit Tataniya und Naveen gab es ein schönes Wiedersehen. Tataniya liebt weiterhin Lord Shiva.

Auf den Ghats in Varanasi hielt ich nach Kiran Ausschau, meinem Dolmetscher-Kumpel von einst. Er müsste heute Mitte dreißig sein. Ich konnte ihn nirgends finden.

Von Nat, dem Cowboy aus Kansas City, habe ich nie wieder etwas gehört. Wir hatten es schlicht versäumt, unsere E-Mail-Adressen auszutauschen. Ich hoffe, es geht dir gut, Mann.

Ein Hund namens Geist

Subhuti, der amerikanische Mönch in Nilambe, hat seine Robe abgelegt. Er lebt heute in Arizona. Wenn er nicht gerade Meditation unterrichtet, brettert er mit seinem Mountainbike zwischen den Tafelbergen herum.

Nach den zwei Wochen im Meditationszentrum verbrachte ich einige Tage in Kandy. Wie erwartet erwies sich die ehemalige Königsstadt als echte Perle. DVDs habe ich mir nicht gekauft. Dafür jede Menge Ceylon-Tee und eine Stange Benson & Hedges.

Lachen wie bekloppt

Jedes Jahr im Mai, am Weltlachtag, treffen sich Menschen auf dem Tempelhofer Feld in Berlin, um sich kaputtzulachen. Mir kam es immer ein bisschen unheimlich vor, wenn ich die Bilder der gackernden Leute sah. Die Lachyoga-Bewegung war mir erst lange suspekt, doch meine Begegnung mit Susan Aldous sollte meine Ansicht grundlegend verändern. Lachyoga zählt auch im Nachhinein besehen zu meinen bedeutsamsten Entdeckungen. Ein paar Minuten intensiv zu lachen, macht extrem frisch im Kopf, und die gute Laune hält den ganzen Tag an. Lachen ist ein mächtiges natürliches Antidepressivum, das sich jederzeit einsetzen lässt. Ein Tipp für Nikotinsüchtige: Je mehr man lacht, desto weniger raucht man.

Susan lebt weiterhin in Bangkok und leistet Wohltätigkeitsarbeit. Vor zwei Jahren habe ich sie besucht und zum Lachyoga mit Schlaganfall-Patienten ins Nonthavej Hospital begleitet. Momentan ist Susan in einen amerikanischen Profi-Drummer verliebt. Sie pendelt zwischen Asien und den USA.

Beato hat mir berichtet, dass er tatsächlich beim Lachyoga in Bangkok war und es einfach umwerfend fand. Er kehrte für eine Weile in die Schweiz zurück, inzwischen tingelt er wieder durch Asien und Nordafrika. Den Einträgen auf seiner Facebook-Seite nach zu urteilen, geht es ihm blendend. Auf meine Frage, ob er noch regelmäßig lache, antwortete er mit drei Smileys.

Mann ohne Gesicht

Freddys »Casa Carisma« in Iquitos gibt es nicht mehr. Warum, weiß ich nicht. An mangelndem Umsatz kann es nicht gelegen haben. Der Schamanentourismus in der Region boomt nach wie vor.

Der Schamane Hernandez Ploya war schon zum Zeitpunkt unserer Begegnung uralt. Womöglich ist er inzwischen gestorben, aber vielleicht ist er noch immer im Amazonasdschungel unterwegs.

Deo Gennarino hat im Selbstverlag sein zweites Buch veröffentlicht, *Gioia*. Es geht um Shiva, Gunja, Meditation und den Weltfrieden. Es verkaufe sich gar nicht schlecht, schrieb mir Gennarino. Man findet ihn auf Facebook.

Von Claire habe ich nie wieder gehört, bin aber überzeugt, dass sie dem Wunsch ihres Sohns gefolgt ist.

Kayakalpa

Dr. Kadles Ayurvedic Center in Kumta wird von Jahr zu Jahr populärer. Die Preise steigen. Bei meinem letzten Besuch gab es zahlreiche neue Häuser für die Gäste.

Einige Jahre nach unserer Begegnung in Kumta lief mir auf dem Pariser Charles-de-Gaulle-Airport Cécille über den Weg, in Begleitung ihres Mannes und ihrer kleinen Tochter Frida. Dieses Wunder hat Dr. Kadle vollbracht. Leider blieb uns nicht viel Zeit. Cécille war mit ihrer Familie auf dem Weg nach Asien.

Rabindranath Roy und seine Frau Saraswati verlor ich im Gewimmel des Panjimer Flughafens aus den Augen. Wir konnten uns nicht mal anständig voneinander verabschieden. Als ich Mister Roy später gegoogelt habe, erhielt ich keinen Treffer.

Die Terrorattacken in Bombay forderten 166 Todesopfer. Der einzige überlebende Terrorist, Ajmal Qasab, wurde im November 2012 hingerichtet.

Karma-Check

Es gibt keine Airline names *IndiaStar*. Aus juristischen Erwägungen hielt ich es für klüger, mir einen anderen Namen für die Fluggesellschaft auszudenken, mit der ich damals von Bombay nach Bangkok jettete. Man weiß ja nie.

Wem der Geldumschlag gehörte, fand ich nie heraus. Wie auch? Womöglich war es Schwarzgeld und gehörte einem der indischen Diamantenhändler, die zwischen Bombay und den reichen arabischen Ländern pendeln. Ich brachte in Erfahrung, dass die Maschine in jener Nacht aus Dubai gekommen war, bevor ich in Bombay an Bord ging.

Paul Swindon heißt nicht Paul Swindon. Er bat mich, ihm in der Geschichte einen anderen Namen zu geben. Die Umstände, die zu seiner Verhaftung führten, entsprechen den Tatsachen, ebenso wie die von ihm geschilderten Zustände in Bangkwang. Amnesty International setzt sich für die Verbesserung der Haftbedingungen ein. Paul sitzt seit mittlerweile zwölf Jahren. Sollte er nicht begnadigt werden, liegen weitere sechsunddreißig Jahre vor ihm. Bei meinem letzten Bangkok-Aufenthalt hätte ich ihn gern wiedergesehen, doch die Gesetzeslage hat sich geändert. Im Moment dürfen nur Verwandte ersten und zweiten Grades einen Bangkwang-Insassen besuchen.

Elephant Man

Thailand kommt innenpolitisch nicht zur Ruhe. Immer wieder gehen sich Gelb- und Rothemden an die Gurgel. Es dauerte mehrere Tage, bis auf Bangkoks besetztem Suvarnabhumi Airport der reguläre Betrieb wiederaufgenommen werden konnte. Erst nach einer Woche gelang es mir, einen Flug nach Deutschland zu ergattern.

Bei Kyaw und seinem Elefanten Jabo habe ich nur diese eine Nacht verbracht. Ich schlief keine Sekunde. Stattdessen tranken wir bis zum Morgengrauen Chang-Bier. Als ich bei meinem nächsten Bangkok-Aufenthalt den Schlafplatz der Bettelelefanten besuchte, konnte keiner der Treiber mir sagen, was aus Kyaw geworden ist. Ich wünsche dir nur das Beste, mein Freund.

Chantals Methode

Die OP bei Professor Clooney (der natürlich anders heißt) war ein voller Erfolg. Bis heute habe ich keine Probleme mehr mit dem Knie gehabt.

Auch wenn Chantal Schwarzmann (auch ihren Namen habe ich vorsorglich geändert) meinen Meniskusriss nicht heilen konnte, glaube ich gern an die Wirksamkeit ihrer Methode. Ich kenne mehrere Leute, denen sie mit Thie Ta Tuina entscheidend helfen konnte.

Heiß wie ein Volkan

Nach unserer zweistündigen Begegnung im Cockpit bin ich Captain Volkan nie wieder begegnet. Das Mihin-Lanka-Büro in Colombo war verwaist. Unklar bleibt, ob Volkan (falls er wirklich so heißt) weiterhin Linienflugzeuge fliegt oder ob er gefeuert wurde, weil er mal wieder einen Looping zu viel gedreht hat. Vielleicht ist er ja mittlerweile im Ruhestand und betreibt irgendwo auf der Welt eine kleine Schmuggler-Airline. Aus irgendeinem Grund gefällt mir die Vorstellung. Seine Pillen nahm ich nach Deutschland mit und verteilte sie unter meinen Bekannten. Einige behielt ich für mich.

Die Fluggesellschaft Mihin Lanka ging mehrfach pleite. Im Moment fliegen sie wieder.

Was Isabel betrifft: Unsere gemeinsame Nacht im Old Empire in Kandy verlief unruhig. Zumindest für mich. Isabel schlief friedvoll, ich wälzte mich stundenlang von einer Seite auf die andere. Nach ihrer Abreise aus Nilambe sah ich Isabel nie wieder, aber immer wenn ein neuer französischer Film ins Kino kommt, halte ich erneut Ausschau nach ihrem Gesicht.

Das Mädchen, der Müll und der Tod

Violet Smith, die Grande Dame aus dem Fairlawn Hotel, ist im September 2014 im Alter von dreiundneunzig Jahren verstorben. Sie schlief friedlich in ihrem Bett ein. Die Hotelleitung liegt nun in den Händen ihrer Tochter Jennifer Fowler.

Auch Günter Grass ist inzwischen abgetreten. Ob Violet ihm auch im Himmel Hausverbot erteilt hat?

Amys Ehe mit Nikhil, dem Arztsohn aus Poona, scheiterte. Ihre Blindheit hat ihn auf die Dauer überfordert. Nikhil lebt wieder im Stadtpalast seines Vaters.

Bei meinem Wiedersehen mit Amy flossen viele Freudentränen. Sie lebt heute in einer anderen Mutter-Teresa-Mission in Indien.

Mein Sohn ist mittlerweile acht Jahre alt. Er wohnt abwechselnd bei seiner Mutter und bei mir. Als ich ihn aus Kalkutta anrief, sagte er: »Papa, nach Hause!«

A life is like a garden.
Perfect moments can be had,
but not preserved, except in memory.

Leonard Nimoy

DANKSAGUNG

Mein großer Dank gilt Sky Nonhoff – Sky, du weißt, wofür. Danke, Mann.

Nicht dass ich sie alle kennen würde, aber einen cooleren Literaturagenten als Thomas Hölzl kann ich mir schwer vorstellen. Besten Dank, Thomas.

Ilka Heinemann bei Knaur danke ich für die Begeisterung, die sie für das Manuskript zeigte, und für ihren unbedingten Willen, es dann auch an Land zu ziehen.

Mit Anno Fricke, der mir ein guter Freund und nebenbei ein gefragter Journalist ist, verbringe ich so manchen Abend am Tresen der »Weißen Taube«. Es dauert nie lange, bis wir anfangen, übers Schreiben zu reden, über Geschichten, Plots und über alles andere auch. Danke dafür, Anno. Jedes Mal gehe mit einem Sack voller Ideen nach Hause.

Für ihre Ermutigung, Kritik, Ideen, Unterstützung, Geduld und einfach nur dafür, dass es sie gibt, danke ich Frank Werner, Katharina Henning, Orgsi, Anne Strauss, Dayna Sadow, Michael Fausser, Chris Vaillaint, Amarel und der wunderschönen Rothaarigen mit den dunkelbraunen Augen.

Und dann wäre da noch mein Sohn. Machen wir's kurz: Ohne ihn gäbe es dieses Buch nicht. Ich habe es für ihn geschrieben. Er gab mir die Kraft, mich jeden Tag aufs Neue an die Arbeit zu machen. Viel Glück, Kleiner, die Zukunft wartet auf dich!

Peer Bergholter · Jochen Müller

MITTENDURCH STATT DRÜBER WEG

Zwei Freunde, ein Traum und
die Reise ihres Lebens

70 576 Kilometer, 21 Länder, kein Flugzeug

Peer und Jochen sind Mitte dreißig, als sie beschließen, aus
dem Alltag auszubrechen. Sie kündigen ihre Jobs und machen
sich auf eine Reise, die ihr Leben für immer verändern wird.
Flugzeuge sind tabu, mit Bussen, Zügen und Containerschiffen geht es quer über den Planeten. In 15 Monaten voller
Abenteuer, Konflikte und bizarrer Begegnungen werden sie zu
wahren Reisenden.

Slimane Kader

OCEAN KING

Was einer unter Deck erleben kann

Mit schwarzem Humor durch die Karibik

Slimane Kader will der Tristesse der Pariser Vorstädte entfliehen. Er träumt von Sonne, Meer und Palmen und heuert auf einem Kreuzfahrtriesen an – eine schwimmende Stadt, die 6000 Touristen durch die Karibik schippert. Für ihr Wohlergehen schuften tief im Bauch des Schiffes 2000 Menschen. Einer von ihnen ist Slimane Kader. Sein Platz ist ganz unten. Er ist der »Mann für alles« …

»Kaders Buch geht ab wie eine Seenotrakete – es ist ebenso spannend wie beängstigend und gleichzeitig zum Totlachen.«
Le Nouvel Observateur

DROEMER